Le Tour du monde de la cuisine

INDE

BEVERLY LEBLANC

Le Tour du monde de la cuisine
INDE

p

Copyright © Parragon 2004 pour l'édition originale

Parragon

Queen Street House

4 Queen Street

Bath BA1 1HE

Royaume-Uni

Création : The Bridgewater Book Company Ltd.

Copyright © 2005 pour l'édition française

Parragon

Réalisation : ML ÉDITIONS, Paris

Traduction : Véronique Dumont

ISBN 1-40544-942-X

Imprimé en Indonésie

Printed in Indonesia

NOTES À L'USAGE DU LECTEUR :

- Le dosage étalon des mesures utilisé dans chaque recette est le suivant :
  1 cuill. à café = 5 ml
  1 cuill. à soupe = 15 ml

- Sauf indication contraire, le lait doit être entier, les œufs
  et les légumes de taille moyenne, le poivre noir fraîchement moulu.

- Il est conseillé aux enfants, aux personnes âgées, aux femmes enceintes,
  aux convalescents ou toute personne souffrant d'un problème médical
  d'éviter les recettes réalisées avec des œufs crus ou à peine cuits.

- Les temps de préparation et de cuisson sont donnés à titre indicatif.
  Ils peuvent en effet différer selon les techniques utilisées.

sommaire

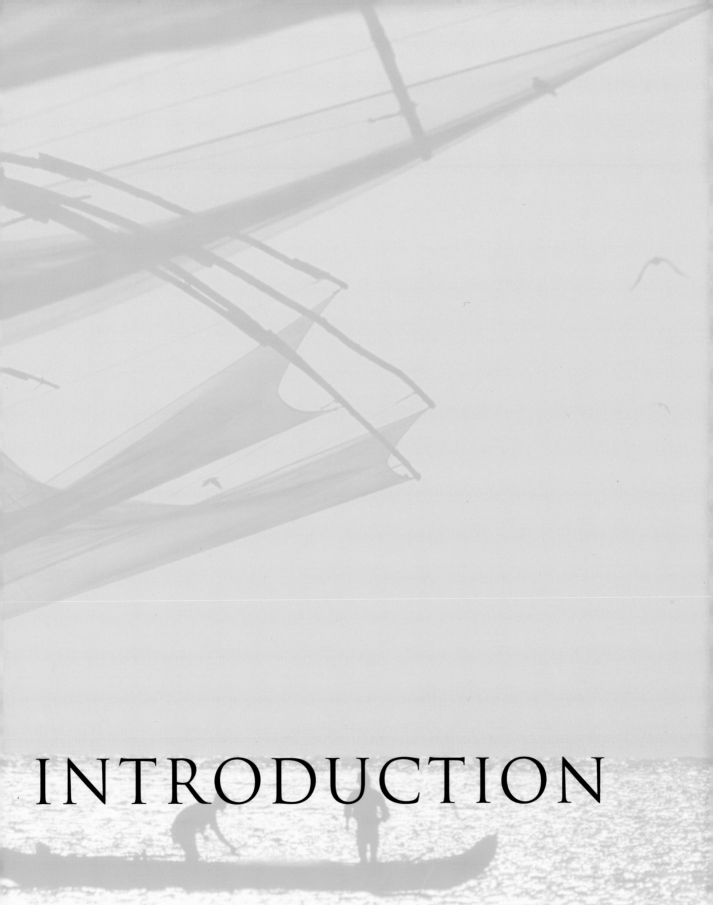

INTRODUCTION

La cuisine indienne est aussi flamboyante, colorée et mystérieuse que le pays lui-même. Ses spécificités régionales, très diverses, reflètent l'immensité du pays et de sa population, son passé de nation de commerce et d'échange, ses longues heures d'occupation, mais aussi les nombreuses religions anciennes qui y sont encore pratiquées. Grâce à ses traditions culinaires, issues à la fois de richesses et de pauvretés extrêmes, elle nous offre des parfums uniques au monde.

Ourlé des côtes de Malabar et de Coromandel aux élégantes cocoteraies, le sous-continent indien couvre 3,3 millions de km² et s'étire sur 3 000 km, des contreforts sud de l'Himalaya aux plaines tropicales du Tamil Nadu. Sur ses terres fertiles du Nord, irriguées par le Gange et l'Indus, poussent des céréales, le riz étant aussi cultivé dans les régions côtières du Sud.

Outre ces deux ingrédients qui constituent la nourriture de base pour des centaines de millions de personnes, les cuisiniers indiens jouissent de la manne infinie des poissons et des fruits de mer pêchés le long des 6 000 km de côte, dans la mer d'Oman et le golfe du Bengale, mais aussi dans la multitude de lacs, rivières et canaux situés à l'intérieur des terres. Fruits et légumes sont cultivés partout, ainsi que les nombreux légumes secs qui permettent de nourrir les millions de végétariens. Enfin, les immenses plantations d'épices du Sud fournissent les parfums qui font de cette cuisine une expérience unique.

On ne peut apprécier la complexité de la cuisine indienne sans considérer l'influence des religions diverses qui, toutes, prônent des lois diététiques distinctes. Si chacun sait que la vache est un animal sacré en Inde, il faut voir le trafic s'arrêter devant l'une d'elles dans une ville comme Delhi pour saisir la signification de ce respect. Et la religion, qui concerne tous les aspects de la vie séculaire, s'étend tout naturellement aux habitudes alimentaires.

Bien que la majorité des Indiens soient hindouistes, d'autres religions sont présentes (islam, bouddhisme, judaïsme, christianisme, zoroastrisme, religion parsie), dont doivent tenir compte les cuisiniers indiens ou quiconque cuisine pour les Indiens. Si certains sikhs et hindous sont végétariens, d'autres consomment de la viande, à l'exception du bœuf ; mais aucun ne s'interdit les produits laitiers à base de lait de vache ou de bufflonne. Les musulmans et les juifs ne touchent pas au porc et évitent les fruits de mer. Les chrétiens et les parsis n'obéissent à aucune restriction et mangent de la viande, de la volaille, des fruits de mer et des légumes. Enfin, les bouddhistes et les jaïns sont végétariens (les jaïns excluent même les légumes racines, comme l'ail et l'oignon). Ajoutez à ces tabous le prix trop élevé de la viande pour des millions d'Indiens, et le résultat offre une cuisine fascinante, pourvue d'un assortiment inégalé de plats végétariens.

En Inde, la nourriture est aussi liée aux fêtes religieuses. Ainsi, lors de la fête hindouiste des lumières, Divali, où est implorée Laxmi, déesse de la Richesse, les Indiens consomment des friandises dans leur famille ou chez leurs amis. Durant le ramadan, le jeûne commencé au lever du soleil s'achève au crépuscule avec un festin. À Noël, les chrétiens

Les bateaux glissent le long des célèbres canaux frangés de cocotiers du Kerala, l'État le plus au sud de l'Inde.

festoient avec du cochon de lait rôti et offrent des friandises à la pâte d'amandes. Enfin, des filets de poisson cuits dans une sauce aux tomates cerises sont servis à presque toutes les fêtes parsies.

Dans les maisons hindoues, de petites offrandes de nourriture – riz ou noix de coco dans le Sud, et petits gâteaux au lait sucré dans le Nord – sont déposées devant les effigies des dieux, la nourriture bénie étant ensuite consommée par petites quantités dans l'espoir que les prières seront ainsi mieux entendues.

Mais l'histoire culinaire indienne a aussi subi des influences extérieures. Après plusieurs tentatives infructueuses, les Moghols, musulmans perses, envahirent le nord de l'Inde au XVIᵉ siècle, instaurant une dynastie qui régna près de deux cents ans. Sophistiqués – ils vivaient dans un univers fastueux de jardins paisibles, de tissus ravissants, de musique délicate et de superbe architecture –, ils introduisirent un style culinaire très raffiné. Des récits de festins et banquets font état d'une hospitalité généreuse et d'une folle extravagance. La tradition moghole, qui jouait avec un art consommé des fruits frais et secs, des noix, des amandes et des pistaches, de la viande, des bouquets d'épices exotiques aussi riches que le safran ou la cardamome, et de sauces crémeuses, perdure aujourd'hui dans les biryani, les pilafs, les pasanda et les korma, mondialement prisés.

Quand la puissance moghole s'effrita au XVIIIᵉ siècle, l'intervention européenne et les acquisitions territoriales avaient déjà commencé, ajoutant une nouvelle dimension à l'histoire culinaire indienne. Les Portugais, voulant contrôler le commerce indien des épices, s'emparèrent de Goa, sur la côte ouest de l'Inde, permettant aux chrétiens de prendre pied sur le sous-continent ; ils introduisirent le piment, un condiment aujourd'hui très utilisé. Bien que les

Fabriquées par des artisans habiles, les marionnettes en bois sont l'un des arts traditionnels d'Inde occidentale.

Populaire dans le monde entier, la cuisine indienne l'est plus encore en Angleterre.

Hollandais et les Français se soient également établis dans des comptoirs, la force étrangère dominante fut bientôt celle de la British East India Company, qui conduisit à la domination britannique, dont l'héritage se retrouve encore dans les cuisines anglo-indiennes, notamment autour de Calcutta. C'est également grâce aux voyages incessants vers l'Angleterre que les parfums fascinants de l'Inde furent révélés au monde.

La cuisine indienne à l'étranger

Populaire dans le monde entier, la cuisine indienne l'est plus encore en Angleterre, où, en ce début de XXIᵉ siècle, le poulet tikka masala (voir p. 161), dont l'héritage indien s'avère quelque peu suspect, se situe régulièrement en tête des plats anglais les plus prisés.

L'enthousiasme pour la cuisine indienne, notamment en Grande-Bretagne, serait dû aux chefs et restaurateurs du Pendjab et du Bangladesh ayant ouvert de nombreux restaurants depuis la partition en 1947. La formule du Pendjab, constituée de recettes maison de tandooris accompagnés de plats de riz ou de viande d'inspiration moghole, connut en effet un vif succès, qui influença la perception des étrangers sur la cuisine indienne. Mais, aussi délicieuse soit-elle, elle est incomparable avec la véritable gastronomie indienne, infiniment plus riche.

Si vous observez des recettes authentiques, le seul plat que vous ne trouverez pas sera le curry, ce mot étant une anglicisation du mot tamoul *kari*, qui désigne à la fois les feuilles de la plante kari et une technique de friture originaire d'Inde du Sud, où les légumes cuisent dans un masala appelé kari podi,

14

Beaucoup d'Indiens broient leurs épices quotidiennement, mais cette tradition commence à évoluer.

d'où l'expression « poudre de curry ». À la fin de la domination britannique, la définition du mot curry s'était étendue, désignant tout plat mijoté et relevé, servi avec du riz et des chapati. Mais son emploi par les Occidentaux pour décrire l'ensemble de la cuisine indienne est aussi faux que réducteur.

La poudre de curry est une hérésie aux yeux des Indiens, et, pour parfumer leurs plats, beaucoup broient leurs épices quotidiennement, préparant des mélanges appelés masala. Cette tradition commence toutefois à évoluer, et des sachets de masala prêts à l'emploi sont désormais vendus dans les épiceries indiennes (mais jamais de poudre de curry générique).

Tour culinaire de l'Inde

Pour apprécier pleinement la variété de la cuisine indienne, il faudrait sillonner le pays du nord au sud, et, idéalement, partager les repas familiaux. En effet, s'il est tout à fait possible pour un touriste de bien manger en Inde, les buffets des hôtels proposent en général des plats pour les occidentaux, la majeure partie des mets proposés différant à peine de ceux servis dans les restaurants indiens à l'étranger.

Inde du Nord

Le rogan josh (voir p. 129), l'agneau pasanda (voir p. 130), le poulet tandoori (voir p. 156), les naan (voir p. 235) et autres classiques des restaurants indiens sont originaires d'Inde du Nord, point de départ idéal d'un circuit culinaire. Pays de montagnes déchiquetées, de rivières et de déserts arides, l'Inde du Nord s'étend du Rajasthan au Haryana, comprend le Pendjab, le très disputé Jammu-et-Cachemire, le long de la frontière pakistanaise, les États du Himachal Pradesh, d'Uttar Pradesh et du Bihar, vers l'est, et s'étire jusqu'à la province retirée d'Arunachal Pradesh, à la lisière de la frontière chinoise, au nord-est.

Les populaires riz basmati et patna y sont cultivés, ainsi que les thés Assam et Darjeeling, destinés à une exportation mondiale, et le Pendjab est connu comme le « panier à pain » de l'Inde, en raison de ses récoltes de blé qui répondent aux besoins de tout le pays.

Nulle part ailleurs, la viande n'est plus prisée que dans cette région hétérogène. Le Pendjab est le foyer du sikhisme, et les sikhs consomment toutes les viandes, sauf le bœuf, comme les Rajput du Rajasthan, dont les traditions culinaires incluent la viande et le gibier, en raison de leur long passé de guerriers et de chasseurs. Le délicieux agneau qui paît sur les contreforts himalayens verdoyants du Cachemire remplace la chèvre dans la plupart des plats locaux.

Un éléphant parmi la foule rassemblée devant un temple hindou.

Le Pendjab est également la patrie de la cuisine tandoori. Les *tandoor,* fours en argile coniques, chauffés à leur base par du charbon ou du bois rougeoyant, sont toujours fabriqués à la main et séchés au soleil comme il y a cinq cents ans, lorsqu'ils furent introduits par les envahisseurs moghols. La

Le parfum distinctif de la cuisine du nord provient essentiellement de l'utilisation judicieuse du garam masala.

chaleur sèche qui émane de leur base se propage vers leurs parois, permettant une cuisson rapide qui empêche les aliments de durcir. Ouverts au sommet et ressemblant à des paniers, leur dimension peut aller de 30 cm à la taille d'un homme debout. Presque partout au Pendjab et dans l'Inde du Nord, les brochettes épicées de chèvre, d'agneau et de poulet y sont cuites avant d'être servies avec une multitude de plats de légumes secs, appelés dal, et du pain.

Le riz est un aliment optionnel en Inde du Nord, à l'exception du Cachemire, où il remplace le pain à presque tous les repas. Ailleurs, on accompagne les repas de galettes plates (chapati ou paratha), ou de naan au levain, cuits dans les *tandoor*. Le roti, pain plat, est aussi consommé par des millions d'Indiens et servi dans les réfectoires des temples sikhs.

Les produits laitiers enrichissent la cuisine du Nord. Le ghee, sorte de beurre clarifié, est la graisse de cuisson favorite des Indiens, et le yaourt omniprésent, des lassi frais et rafraîchissants aux marinades destinées à enrôber les plats tandoori. Il est aussi caillé pour la fabrication du paneer, un fromage ferme et blanc qui s'impose comme l'une des sources majeures de protéines pour les végétariens. Le beurre *(makhani)* donne son nom à des classiques tels que le le poulet au beurre *(murgh makhani,* voir p. 158).

Les légumes verts, comme les épinards et les feuilles de moutarde, sont cuits à petit feu avant d'être associés à différents légumes secs ou enrichis de paneer ou de beurre. Le célèbre paneer aux épinards (voir p. 99) est originaire de cette région.

Mais le parfum distinctif de la cuisine du Nord provient essentiellement de l'utilisation judicieuse du garam masala, un mélange traditionnel d'épices destiné à réchauffer le corps de l'intérieur.

Centre

Le centre de l'Inde, avec l'État végétarien du Gujerat, sur la côte ouest, les États du Maharashtra, d'Orissa et d'Andhra Pradesh plus au sud, et le Bengale, royaume du poisson, sur la côte est, est le paradis des gourmets. Parmi ses mets variés figurent des poissons et fruits de mer frits, fortement prisés sur les côtes, et le riz commence à remplacer le blé comme féculent de base.

La cuisine du Gujerat est surtout connue pour ses remarquables recettes végétariennes et dal inventifs, qui utilisent chaque type de légume sec, y compris les pois chiches noirs *(kala chana),* peu répandus, voire inconnus, à l'étranger. Les pois chiches blancs sont également très populaires ; leur version sèche est finement broyée en farine de couleur crème et au léger parfum terreux, qui remplace la farine de blé dans la préparation des populaires pakora, mais aussi des khandvi (voir p. 47). Ces fins rouleaux semblables aux gnocchis italiens et parfumés aux épices et aux graines frites sont particulièrement prisés chez les jaïns, en raison de l'absence d'ail et d'oignon dans leur composition.

Dessert local riche et crémeux destiné aux repas de mariages et de célébrations religieuses à travers le pays tout entier, la crème de yaourt à la grenade (voir p. 207) est aromatisée à la cardamome en poudre et au safran.

Le passé maritime de Bombay, depuis toujours port de commerce, a soumis la capitale du Maharashtra aux influences extérieures et est à la source de

À droite *Sur les marchés indiens, fruits et légumes sont toujours saisonniers et locaux.*

Au verso *Le lac de Gadi Sagar pourvoit en eau la cité de Jaisalmer, au cœur du désert du Rajasthan.*

L'hilsa, ou elish, a un cycle de vie similaire à celui du saumon.

recettes aux saveurs épicées flamboyantes : ses hôtels, qui accueillent un flot constant d'étrangers, en font une étape de choix pour quiconque désire goûter la cuisine indienne en général, mais aussi chinoise et européenne. Outre ses plats traditionnels, il est possible d'y découvrir une cuisine contemporaine concoctée par de jeunes chefs désireux de donner à la cuisine indienne une touche plus légère.

La fameuse plage de Chowpatty est la destination ultime pour tout gourmet, qui s'y verra proposer un éventail infini d'en-cas, ou chaat, et toute autre cuisine des rues. Et si les fast-foods occidentaux ont commencé à fleurir à Bombay, comme dans toutes les grandes villes du pays, la tradition de livraison quotidienne de repas maison aux employés de bureau ne semble guère menacée par l'apparition des burgers ou autres sandwichs. En effet, chaque jour ouvrable, des gamelles appelées *dabba* et chargées de repas complets chauds et frais quittent les banlieues et les communautés rurales cernant la mégapole pour la rejoindre par le train. Alors que ces *dabba* apparemment identiques arrivent par milliers à la gare principale, des équipes de *dabba wallas* les récupèrent et les livrent dans les bureaux de la ville avec une précision relevant du miracle. Après le déjeuner, le processus se répète en sens inverse, et les gamelles retournent, vides, chez leurs expéditeurs. Quelle personne saine d'esprit échangerait un dal épicé aux lentilles et aux épinards, du riz et un chapati frais, des chutneys parfumés agrémentés d'un raïta, contre un burger sans âme ?

L'agriculture constitue la source majeure de revenu des Marathes. Pendant plus d'un siècle, le marché bruyant et coloré de Victorian Crawford, à Bombay, rebaptisé Jyotiba Phule Market, fut le plus grand marché de gros aux fruits et légumes, et les produits venus du pays tout entier passaient par ce bâtiment de style gothique français (il a été récemment déplacé pour tenter de soulager la congestion du centre ville). Les pêcheurs, avec leurs bateaux aux couleurs vives, fournissent également des flots constants de produits frais qui sont ensuite grillés, frits ou cuits au four, parmi lesquels la castagnole, poisson hautement prisé de la côte de Bombay. Traditionnellement, la cuisine du Maharashtra, désignée sur les menus indiens par *marathani*, inclut des cacahuètes et des noix de cajou, comme dans la recette des jarrets d'agneau marathani (voir p. 142).

Bombay, avec ses Tours du Silence, est aussi le foyer de la principale communauté parsie d'Inde, connue pour sa cuisine délicieusement épicée, à l'image du traditionnel agneau dhansak (voir p. 138), généralement servi avec une bière glacée. Souvent accompagné de riz brun, il est aussi savoureux avec un simple riz basmati. Parmi les autres plats parsis typiques, les œufs brouillés, subtilement relevés de piments verts hachés et de coriandre fraîche, constituent un réveille-matin bien plus efficace qu'une tasse de café.

Plus à l'est, au Bengale, où le Gange et les rivières dévalent de l'Himalaya vers le golfe du même nom, le poisson est roi, au point que de nombreux Bengalis considèrent un repas sans poisson incomplet. L'hilsa, ou elish, appartenant à la famille des clupéidés, est l'espèce la plus populaire. Ce poisson argenté, dont le cycle de vie est similaire à celui du saumon, naît dans la mer, se reproduit dans l'estuaire où fleuves et rivières se jettent dans le golfe du Bengale, puis entame un lent voyage vers le nord en remontant ces

Parmi les 5 millions d'hommes sacrés en Inde, beaucoup laissent pousser leurs cheveux pour imiter Shiva.

Un chameau au travail dans une rue animée de Jaipur, au Rajasthan.

cours d'eau. Lors de ce long périple après la saison des moussons, ce poisson savoureux, qui se cuisine comme le hareng, l'alose ou le saumon, est pêché de nuit par les pêcheurs bengalis. Son seul inconvénient est le nombre impressionnant de ses arêtes, qui imposent de le consommer avec les doigts.

Les pluies de la mousson annuelle, plus importantes au Bengale, offrent des conditions idéales aux agriculteurs. Lors d'une bonne année, les fruits tropicaux (bananes, noix de coco, ananas et pamplemousses) prospèrent sur le sol fertile de cette région où sont également cultivés du thé, du café, du

maïs, du tapioca, du cacao et une myriade d'épices. Avec la pomme de terre, introduite par les Anglais et à partir de laquelle les Anglo-Indiens ont créé de nombreuses recettes, le potiron est un légume très apprécié, ainsi que la noix de coco, abondante sur la côte, et qui entre dans la composition de plats variés, des en-cas aux célèbres friandises de Calcutta.

Sous ce climat tropical fleurit aussi le sucre de canne, qui embaume plats salés et friandises. Les lentilles aigres-douces (voir p. 114) sont idéales pour découvrir la fascinante association du sucré-salé.

Comme Bombay, Calcutta offre un éventail saisissant de chaat et de cuisine des rues, avec ses marchands ambulants poussant leur carriole le long des artères animées. Elle possède aussi une tradition de cafés où intellectuels et universitaires discutent autour de friandises et de thé masala (voir p. 214).

Les plats de poissons, lentilles et légumes bengalis doivent leurs caractéristiques à une cuisson dans l'huile de moutarde, et leur parfum, au panch phoron, le masala régional. Celui-ci se réalise en grillant des graines de moutarde, cumin, fenouil, fenugrec et nigelle, utilisées entières ou réduites en poudre.

Au centre de l'État d'Andhra Pradesh, Hyderabad, avec son long passé d'érudition, est connue pour sa viande infusée au safran et ses riz biryani qui ornaient autrefois les tables des gouvernants Nizam. Comme les Moghols avant eux, ces richissimes musulmans présidaient à des festins et des banquets somptueux. Cette ville constitue un arrêt obligatoire pour quiconque effectue un tour culinaire de l'Inde. Le savoureux agneau biryani dépouillé (voir p. 126), qui a été adapté aux goûts contemporains, allie toujours avec bonheur le riz basmati, des épices – garam masala, cannelle, cumin, piment et curcuma – et un agneau fondant. La cuisine de la côte, dans la province d'Andhra Pradesh, inclut des crevettes et des poissons épicés cuits dans l'huile de sésame et de noix de coco, et des légumes, comme l'okra, parfumés aux herbes fraîches et aux épices.

Inde du Sud

Abondants, les poissons et les épices constituent deux des plaisirs culinaires incontournables d'Inde du Sud, et les États ensoleillés et ourlés de cocoteraies du Kerala, du Karnataka et du Tamil Nadu possèdent la cuisine pimentée la plus légère du pays.

Dans cette région, les épices ne sont pas seulement des parfums, leur culture permettant aussi de réaliser des affaires (les grains de poivre noir étaient connus sous le nom «d'or noir»). Cochin est le centre du commerce des épices en Inde, et les effluves de cardamome, coriandre, cannelle et vanille provenant de ses entrepôts emplissent les ruelles de sa vieille

Abondants, les poissons et les épices constituent deux des plaisirs culinaires d'Inde du Sud.

ville. Tout voyage en Inde du Sud devrait inclure un passage dans une plantation d'épices, afin de découvrir ces délices dans leur environnement naturel et les goûter au sommet de leur fraîcheur.

Les cardamomes vert pâle, les piments, les feuilles de curry, les graines de moutarde et le curcuma mordoré utilisés dans la cuisine d'Inde du Sud la parfument et la colorent de façon flamboyante. Beaucoup de plats traditionnels embaument aussi la saveur aigre et distinctive de la pulpe de tamarin.

Dans ces régions tropicales, les cocoteraies s'étendent à perte de vue et la noix de coco entre dans la composition de nombreux plats quotidiens, des entrées aux desserts. Lors d'un tour en bateau le long des côtes du Kerala, il est possible de faire une halte dans l'une de ces plantations afin de goûter la chair et le lait du fruit tout juste cueilli, bien plus doux que ceux des noix de coco vieillies lors de leur long voyage vers les supermarchés occidentaux.

Féculent dominant, le riz accompagne les dal semblables à des soupes, comme la sambhar (voir p. 82), consommée quotidiennement par des millions de personnes. Il est également utilisé dans la préparation de pancakes et de gâteaux de riz à la vapeur, typiques de la région : lentilles noires et riz fermenté sont écrasés dans une pâte afin de constituer les dosa fins et croustillants (voir p. 243), et les idli à la vapeur, aux allures de soucoupe volante, servis au petit déjeuner, souvent avec un dal fortement épicé qui donne un véritable coup de fouet pour débuter la journée. L'upama, gâteau de semoule à la vapeur parfumé au piment et aux feuilles de curry et de moutarde, se consomme lui aussi au petit déjeuner ou en collation.

24

Prendre un repas en Inde ou dans un restaurant indien occidental constitue deux expériences totalement distinctes.

Avec ses communautés hindouiste, musulmane, chrétienne et juive à Cochin, le Kerala offre une cuisine ensorcelante. Une grande variété de poissons et fruits de mer est pêchée dans la mer d'Oman et dans le réseau de canaux et lagunes de la province. Les dal, comme le bœuf, font aussi partie des plats locaux. Pour goûter un poisson délicieusement frais, les étals installés face aux filets de pêche chinois, le long du port de Fort Kochi, sont irremplaçables.

Les amateurs de saveurs douces considèrent à tort la cuisine brûlante et épicée de Madras comme représentative de la cuisine indienne. Or, l'utilisation de piments sert à contrebalancer la chaleur tropicale du Sud : alors que les piments réchauffent le corps, la transpiration le rafraîchit et équilibre sa température. Le bœuf Madras (voir p. 152) est un bon exemple de l'association de piments et de noix de coco.

Durant la saison sèche, les noix de cajou fleurissent au Karnataka, à Goa et dans le Kerala, et ceux qui ailleurs les dégustent en petites quantités en raison de leur coût peuvent ici céder sans réserve à leurs envies (les bols sont constamment remplis dans les bars des hôtels). En mars, on les voit sur les marchés, fraîchement récoltées, encore attachées au fruit vert.

À l'extrémité sud du Tamil Nadu, les cités de temples offrent les architectures indiennes les plus fascinantes, et une cuisine végétarienne remarquable, à base de plats mijotés de lentilles épicées, de riz et de chutneys aux saveurs rafraîchissantes. Dans cette région, le café est consommé tout au long de la journée, comme le thé épicé ailleurs en Inde.

Le repas indien

Même si les recettes sont similaires, prendre un repas en Inde ou dans un restaurant indien occidental constitue deux expériences totalement distinctes. Présenter les plats les uns après les autres ne fait pas partie de la culture indienne : tous sont présentés en même temps sur la table, y compris le dessert. La méthode traditionnelle consiste à les offrir dans des bols *(katori)*, eux-même disposés sur un plateau de métal rond *(thali)*, qui peut être pratique (en acier inoxydable), raffiné (en or ou en argent ciselé), ou pittoresque (en feuilles de bananier). Avec l'évolution des coutumes, ce type de présentation devient davantage l'apanage des restaurants, les plats étant simplement disposés au centre de la table dans les foyers.

Quand un cuisinier indien prévoit un repas *thali*, il choisit d'abord le plat principal (poulet, viande ou dal), puis les légumes, aux parfums complémentaires, les raïta, le type de riz et/ou de pain, et, enfin, les chutneys. Son objectif : parvenir à une association harmonieuse de textures, de saveurs et de couleurs. Un repas végétarien, par exemple, doit être composé d'un dal, de deux ou trois plats de légumes, comme un bhaji à l'okra (voir p. 106), un paneer matar (voir p. 100) ou un raïta aux pommes de terre (voir p. 52), et d'un ou deux chutneys disposés autour d'un monticule de riz et parfois accompagnés d'un chapati.

Si l'habileté des différents Indiens à manger avec leurs doigts demande une grande pratique, leur seul point commun réside dans l'utilisation exclusive de la main droite : en effet, les Indiens du Nord, qui s'en servent uniquement pour arracher des morceaux de pain avec lesquels ils saisissent ensuite la nourriture, considèrent avec horreur ceux du Sud qui l'utilisent pour la porter à leurs lèvres.

Une femme vendant ses fruits frais sur la plage populaire de Benaulim, à Goa.

Les ingrédients nécessaires

Il n'a sans doute jamais été aussi facile de reproduire les saveurs diverses et parfumées de la cuisine indienne. Autrefois exotiques et difficiles à trouver, ses ingrédients sont aujourd'hui disponibles en supermarché.

Coriandre *(hara dhaniya)* En Inde, les feuilles de coriandre sont aussi essentielles que le persil en Occident. Offrant une garniture au vert vif et coloré, elles parfument aussi les pains, le riz, les chutneys, les salades et les boissons aigres. Hachées finement, ses racines seront incorporées à d'autres ingrédients.

Fenugrec *(methi)* Les graines de fenugrec, petites et de forme irrégulière, qui entrent dans la composition des poudres de curry commerciales, sont moins utilisées dans les masala indiens. Dans les dal, elles contrebalancent l'effet de flatuosité. Souvent frites en début de recette, elles doivent être surveillées car elles deviennent amères lorsqu'elles cuisent trop longtemps. Les feuilles fraîches du fenugrec se cuisinent comme les épinards. Il est vendu en poudre et en graines dans les supermarchés, en feuilles fraîches ou séchées dans les épiceries indiennes.

Feuille d'argent *(varak)* En Inde, cette décoration chatoyante de poussière d'argent comestible, pressée en feuilles fines infiniment plus délicates que le papier d'aluminium, magnifie les desserts et les confiseries. D'utilisation simple, elle se trouve dans les épiceries indiennes.

Feuilles de bananier En Inde du Sud, les plats sont servis sur ces larges feuilles vert sombre et brillantes qui sont également enroulées autour des aliments avant la cuisson pour les doter d'un parfum savoureux. Vendues fraîches dans les épiceries indiennes et asiatiques.

Feuilles de curry *(kadhi patta)* Ces feuilles fines et pointues, semblables à de petites feuilles de laurier, poussent sur des arbres natifs d'Inde et du Sri Lanka qui doivent leur nom à l'arôme de curry qu'ils diffusent. Généralement frites, elles sont ajoutées en fin de cuisson comme garniture pour donner aux plats un goût légèrement amer, notamment en Inde du Sud. Elles s'achètent fraîches dans les épiceries, ou séchées dans les supermarchés.

Gingembre *(adrak)* Incontournable pour doter un plat d'un parfum indien, ce rhizome noueux à la saveur chaude et épicée est essentiel dans nombre de recettes de viande, volaille, poisson et de classiques végétariens. Pour une saveur optimale, achetez-le frais, avec une peau douce et lisse (une peau ridée indique que sa chair a séché) et conservez-le dans une boîte hermétique au réfrigérateur. Le gingembre est souvent écrasé en pâte avant la cuisson.

De nombreuses recettes figurant dans ce livre commencent par la cuisson d'une **pâte à l'ail et au gingembre**. Pour la préparer, mélangez des quantités égales d'ail et de gingembre. Souvent trop faibles pour être broyées dans un mixeur, il convient de les augmenter et de les conserver dans une boîte hermétique, jusqu'à trois semaines au réfrigérateur et un mois au congélateur. Vous pouvez aussi ne préparer que la quantité requise à l'aide d'un mortier ou d'un moulin à épices.

Huile de moutarde *(sarson ka tel)* Chauffée à haute température, cette huile de cuisson populaire, à la saveur forte et piquante, voit son parfum prononcé s'atténuer. Il suffit ensuite de la laisser refroidir avant de l'associer à d'autres ingrédients. En vente dans les épiceries indiennes et certains supermarchés.

Menthe *(pudina)* Introduite par les Perses, cette herbe au goût frais est particulièrement prisée en Inde du

Nord où elle garnit des plats de viande
et de volaille. Fraîche, elle s'utilise pour parfumer
de nombreux chutneys, raïta et boissons.

Noix de coco *(nariyal)* Considérée comme le «fruit
des dieux», la noix de coco joue un rôle majeur dans
les cérémonies religieuses hindouistes et les cuisines
d'Inde du Sud et de Goa. Sa chair d'un blanc crémeux
et son lait liquide, légèrement trouble, sont utilisés
en cuisine ou consommés comme en-cas. Distribués
en cannettes, la crème de coco et le lait peuvent
également s'obtenir en laissant tremper la chair de
noix de coco fraîchement râpée dans l'eau bouillante.
Si vous utilisez de la crème de coco en cannette,
achetez une variété non sucrée.

La façon la plus rapide de parfumer les currys de
noix de coco, sans avoir recours à une noix fraîche,
est de dissoudre de la crème de coco dans de l'eau
bouillante. Elle se vend en blocs solides dans les
supermarchés.

Riz basmati *(basmati chaaval)* Cultivé sur
les contreforts de l'Himalaya, ce riz long-grain
est apprécié dans le monde entier pour son parfum
délicat et ses grains soyeux. S'il est synonyme
de cuisine indienne à l'étranger, plus de vingt
variétés de riz sont cultivées et consommées à
travers le pays. Le plus souvent destiné aux fêtes
et aux grandes occasions, pour de somptueux
biryani et des pilafs, il est le riz sélectionné dans
cet ouvrage.

S'il nécessite traditionnellement de longs rinçages
et trempages avant la cuisson, certaines marques les
évitent. Lisez les instructions sur le sachet.

Pour un riz parfait, rincez-le sous le robinet jusqu'à
ce que l'eau de rinçage soit claire (comptez 55 g par
personne), puis laissez-le tremper 30 min dans un
saladier. Égouttez-le, transférez-le dans une cocotte
à fond épais et couvercle. Recouvrez-le à nouveau

d'eau (la quantité exacte importe peu), ajoutez une
grosse pincée de sel, portez à ébullition, puis faites-le
bouillir 6 min sans couvrir. Égouttez-le dans une
passoire dont le diamètre correspond à celui de la
cocotte, sans rincer. Versez une petite quantité d'eau
au fond de la cocotte et posez la passoire par-dessus,
en veillant à ce que le riz ne touche pas l'eau. Faites-
le cuire à l'étuvée et à couvert sur feu moyen environ
4 min. Brassez avec une fourchette, salez si
nécessaire, puis servez.

Sucre jaggery *(gur)* Dérivé du sucre de canne, cet
édulcorant se substitue au sucre dans de nombreuses
recettes indiennes. Vendu en cône ou en barre dans
les épiceries indiennes, il peut se remplacer par un
sucre demerara ou brun.

Tamarin *(imli)* Généralement, un plat indien à la
saveur aigre distinctive, comme les lentilles aigres-
douces (voir p. 114), contient, sous une forme ou
une autre, cette pulpe issue des gousses de tamarin.
Les supermarchés vendent des pots de pâte de
tamarin prête à l'emploi, mais vous pouvez l'acheter
en bloc solide à reconstituer dans une eau bouillante
qui est ensuite filtrée.

Yaourt *(dahi)* Les utilisations du yaourt nature
dans la cuisine indienne sont infinies : destiné à doter
les aliments d'une légère saveur aigre, il peut aussi
constituer l'ingrédient principal de nombreux raïta
et de certains chutneys. Désigné comme «caillé»
dans les recettes indiennes, il est réalisé avec du
lait de buffle et servi, sous une forme ou une autre,
à la plupart des repas, et à la fin de chaque repas
dans certaines régions. Le lassi salé (voir p. 212), froid
et rafraîchissant, est également à base de yaourt.
Pour un dessert sublime, essayez la crème de yaourt
à la grenade (voir p. 207), délicatement parfumée
à la cardamome et au safran.

Les épices indiennes

Sans les épices qui constituent son essence même,
la cuisine indienne serait comme un jardin sans fleurs.
En Inde, un marché aux épices est un lieu magique
qui exalte les sens. Laissez-vous enivrer par les arômes
exotiques et entêtants qui s'échappent des sacs de
toile, et par le kaléidoscope de couleurs chatoyantes :
des sublimes piments rouges broyés au tamarin doré,
en passant par les gousses de cardamome vert pâle,
les graines de nigelle au noir intense, celles de pavot,
grises, et de sésame, d'un blanc crémeux.

Le curry en poudre n'existe pas en Inde, et, pour
donner à leurs plats des couleurs et parfums distinctifs,
les Indiens lui substituent des mélanges d'épices
appelés masala. S'ils sont vendus prêts à l'emploi
en Inde comme en Occident, les préparer pour chaque
repas demeure une tradition largement pratiquée.

Ci-dessous sont citées les épices qui donnent à la
cuisine indienne son parfum authentique. Si elles sont
plus pratiques en poudre, sachez qu'elles conservent
plus longtemps leur saveur si vous les achetez
entières pour les piler avant chaque repas.

Ase fétide *(hing)* Cette résine finement broyée,
connue pour son arôme piquant sulfureux,
particulièrement repoussant avant la cuisson,
s'incorpore aux légumes, légumes secs, pickles
et autres plats pour ses qualités digestives. Les
brahmanes hindous et les jaïns la substituent
à l'ail et à l'oignon, interdits. Elle s'utilise
uniquement en petites quantités et est vendue
dans des boîtes hermétiques, dans les supermarchés
ou les épiceries indiennes.

Cannelle *(dalchini)* Comme partout, les cuisiniers
indiens utilisent cette épice en poudre ou en bâton
pour parfumer des plats sucrés et salés, ainsi que des
boissons. La cannelle est l'une des épices essentielles
du garam masala (voir p. 251) qui embaume de
nombreux currys et plats de riz d'Inde du Nord. Faire
griller la cannelle dans une poêle sèche avant de
l'ajouter aux autres ingrédients intensifie sa saveur.

Cardamome *(elaichi)* Connue comme la « reine des
épices » (le poivre noir étant le « roi »), la cardamome
verte est l'un des parfums les plus populaires de
la cuisine indienne, utilisé dans les plats aussi bien
sucrés que salés et dans les boissons. Son arôme
doux et délicat provient des graines minuscules
contenues dans ses gousses. Cuisinées entières dans
de nombreux plats, celles-ci ne sont pas censées
être consommées, même si l'habitude de les mâcher
afin de rafraîchir l'haleine remonte aux temps des
Moghols. Uniquement utilisée dans les recettes salées,
la cardamome noire offre un parfum beaucoup plus
intense et prononcé. La cardamome est largement
distribuée dans les supermarchés, moulue ou en
gousses, ces dernières restant fraîches plus longtemps.

Clous de girofle *(laung)* Plus souvent utilisés
entiers que broyés, ces boutons de fleurs séchés ont
un parfum aromatique puissant qui peut annihiler
les autres s'il est utilisé en abondance ou mâché.
Les clous de girofle figurent dans les recettes salées
et sucrées d'Inde du Nord et dans le paan, mélange
d'épices et de feuilles vendu à tous les coins de rue
comme rafraîchisseur d'haleine.

Coriandre *(dhaniya)* L'un des parfums
incontournables de la cuisine indienne est la graine
de coriandre grillée et broyée. Cette graine, qui a
un goût très différent des feuilles vert vif de l'herbe
fraîche, est ronde, avec des arêtes fines, et se broie
facilement dans un moulin à épices ou un mortier.
La coriandre existe en graines ou en poudre.

Cumin *(jeera)* Populaire auprès de tous les cuisiniers
indiens, le cumin est prisé pour son puissant arôme

caractéristique, ainsi que pour ses qualités digestives. Beaucoup de recettes commencent par la friture de ses graines fines et étirées dans l'huile chaude, afin d'intensifier leur parfum et d'embaumer le plat : mais attention, car elles brûlent vite et prennent alors un goût amer. Les graines brunes, appréciées par les cuisiniers de l'ouest de l'Inde, sont largement distribuées ; les noires *(kala jeera)* se trouvent dans les épiceries indiennes.

Curcuma *(haldi)* Appartenant à la famille du gingembre, cette épice illumine de nombreux plats de viande, de poisson, de légumes et de légumes secs de sa couleur ambrée et de sa douce saveur aigre. Se vend en poudre dans tous les supermarchés ; pour les rhizomes frais ou secs, rendez-vous dans les grandes épiceries indiennes.

Graines de moutarde *(rai)* Minuscules billes noires, brunes et jaunes, les graines de moutarde sont prisées à travers toute l'Inde. Brûlantes et épicées quand elles sont crues, elles sont souvent frites dans l'huile chaude afin d'atténuer leur parfum. Graines noires et brunes s'utilisent indifféremment. En vente dans les supermarchés.

Graines de nigelle *(kalonji)* Également connues sous le nom de graines d'oignon noir (bien que n'ayant aucun lien avec les oignons), ces petites graines d'un noir sombre ressemblent à de petites chips de charbon et sont incorporées aux plats de poissons, légumes secs, pickles et riz. Légèrement poivrées, elles ont aussi un parfum de noisette.

Piment en poudre Les piments kashmiri sont des piments rouge sombre qui poussent dans le nord du Cachemire. Doux, ils sont plus appréciés pour la couleur rouge flamboyante qu'ils apportent à des plats comme le rogan josh (voir p. 129) et le poulet

tandoori (voir p. 156) que pour leur parfum. Ils sont en vente dans les épiceries indiennes. Si vous privilégiez le « feu » à la couleur, utilisez du piment de Cayenne, distribué dans les supermarchés.

Piments verts et rouges *(hari mirch et lal mirch)* Synonymes de la cuisine indienne, les piments n'y ont pourtant été introduits qu'au XVIe siècle par les Portugais. Plus de vingt variétés de piments poussent en Inde aujourd'hui : des piments blancs et jaune safran aux plus courants rouges et verts (ces derniers étant en fait des piments rouges qui ne sont pas encore arrivés à maturation).

Il est difficile de déterminer leur degré d'intensité à leur seule apparence : en règle générale, plus le piment est petit et rouge, plus il est fort (même si l'expérience est le meilleur des guides), et son « feu » dépend de la présence ou non de ses graines. Moins vous l'égrenez, plus le plat sera brûlant. Les piments rouges secs au parfum très concentré ne doivent s'utiliser qu'en petite quantité.

Poudre de mangue *(amchoor powder)* Cette poudre à base de mangues vertes, utilisée pour accompagner la viande dans les plats sucrés, comme le chaat masala, se vend dans les épiceries indiennes.

Safran *(kesar)* Cette épice est la plus chère au monde, ses filaments étant issus des étamines séchées de la fleur de crocus, recueillies à la main. Cultivée au Cachemire, elle donne aux plats, notamment dans le nord, une couleur mordorée et brillante, ainsi qu'un goût très distinctif, légèrement musqué. Utilisé depuis le temps des Moghols, le safran est rarement absent des plats classiques comme le poulet kashmiri (voir p. 162) ou des desserts de choix. Le safran indien, au prix relativement raisonnable, est en réalité issu de la graine de carthame, qui, bien qu'elle colore les aliments d'un joli jaune orangé, n'a pas de goût.

AMUSE-GUEULES ET ENTRÉES

32

En Inde, plus que partout ailleurs en Asie, grignoter sur le pouce au coin des rues fait partie de la vie quotidienne. De l'aube au crépuscule, et notamment dans les villes surpeuplées, sur les marchés, dans les bazars, les gargotes en plein air, les gares ferroviaires et routières, le long des files de taxis, dans les carrefours animés, des dizaines de vendeurs ambulants proposent des bhujiya (mélange apéritif connu à l'étranger sous le nom de *Bombay mix*), concoctent des brochettes, des pakora ou des samosa au-dessus de feux improvisés ou offrent des jus de fruits fraîchement pressés.

En Inde, les cris des vendeurs ambulants, le grésillement de l'huile et le parfum des épices mêlé aux odeurs de poussière constituent une expérience inoubliable.

Délicieusement relevés, les petits en-cas salés qui ont pour nom chaat – mot hindi signifiant «lécher» – se consomment chauds ou froids et sont aussi bon marché que variés, gorgés de saveurs des plus alléchantes et parfaits à déguster entre amis.

S'il est certes facile de teinter de romantisme cette nourriture traditionnelle, la plupart des mets proposés, dont le choix semble infini, n'en demeurent pas moins délicieux. En Inde, les fast-foods, encore rares dans les villes et plus encore à la campagne, sont remplacés par des armées de cuisiniers très inventifs, qui envahissent les artères débordantes de vie. Une tradition qui se perpétue également en raison des coins cuisine étroits, voire inexistants, de nombreux logements urbains surpeuplés.

> *Délicieusement relevés, les petits en-cas salés ont pour nom chaat – du mot hindi signifiant «lécher».*

Pour beaucoup, cette cuisine atteint son apogée sur la plage de Chowpatty, à Bombay, où la fraîcheur relative et les spectacles chatoyants attirent dès le lever du jour cuisiniers et clients. Le bhel poori (voir p. 44), savoureuse préparation aux pommes de terre épicées, riz soufflé et fines nouilles séchées, adoucie par des chutneys de coriandre et de tamarin aigre, à la fois épicés et rafraîchissants, ainsi que de yaourt, est souvent cité comme le meilleur exemple du chaat indien. Si chaque vendeur propose sa recette personnelle, toutes embaument les parfums incontournables de l'immense cité. Lors des nuits chaudes et humides, des couples d'amoureux et des familles avec leurs jeunes enfants viennent se détendre et se rafraîchir le long de la célèbre plage, en dégustant un kulfi, la glace indienne crémeuse dont une version parfumée au safran et aux amandes est proposée p. 204.

Que boire avec un chaat ? En Inde, le choix se porte en général sur un thé masala (voir p. 214), consommé à tout moment, ou sur un lassi, salé (voir p. 212) ou à la mangue (voir p. 213), tout aussi prisé. Mais vous pouvez préférer l'une de ces bières indiennes glacées, aujourd'hui distribuées dans le monde entier.

34

Les soupes, qui n'appartiennent pas à la tradition culinaire indienne, furent introduites par les Anglais.

En Inde, l'entrée ne constitue pas un plat à part entière, aussi est-ce avec une certaine liberté que les restaurants indiens, à l'étranger, proposent en hors-d'œuvre les chaat et autres mets de rue les plus populaires, parmi lesquels les bhaji aux oignons (voir p. 38), les samosa végétariens (voir p. 40) et le poulet tikka (voir p. 55).

Les soupes, qui n'appartiennent pas non plus à la tradition culinaire indienne, furent introduites par les Anglais durant leur domination, à l'image de la soupe memsahib's mulligatawny (voir p. 68), exemple typique de l'héritage britannique. Les cuisiniers anglais, qui se languissaient des soupes de la mère patrie, utilisèrent le rasam (voir p. 71), bouillon tamoul épicé, pour créer une recette plus consistante agrémentée de mouton, qu'ils nommèrent « mulligatawny », ou « eau poivrée » selon une traduction libérale. Goûter les deux versions permet d'en apprécier les similitudes et les différences.

Dans ce chapitre, la plupart des recettes illustrent parfaitement l'immense variété des amuse-gueules indiens qui peuvent se déguster tout au long de la journée, en collation, hors-d'œuvre ou avec des cocktails glacés à l'apéritif. Vous trouverez également dans les autres chapitres quelques idées pour concocter d'excellents en-cas, comme le dosa masala (voir p. 84), les œufs brouillés parsis (voir p. 89) et les pakora de poisson (voir p. 190).

Détail d'une arche, au City Palace de Jaipur, célèbre pour le raffinement de son art et de son architecture.

Au verso Le reflet de pavillons immaculés et majestueux dans les eaux du superbe lac Pushkar, au Rajasthan.

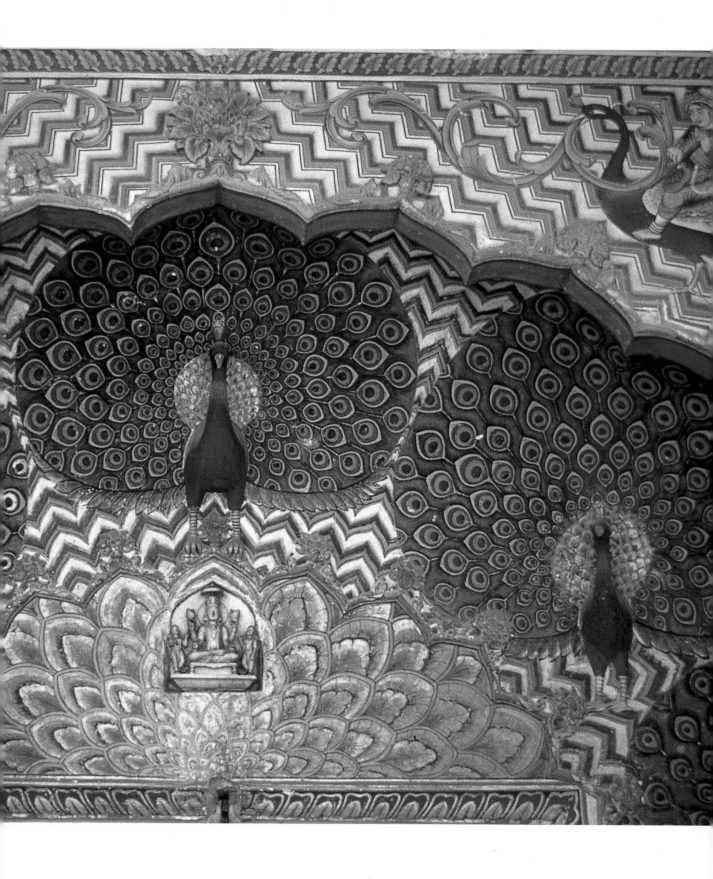

bhaji aux oignons
pyaaz pakora

Rares sont les restaurants indiens dont le menu ne propose pas ce hors-d'œuvre, ou chaat, populaire. Partout en Inde, des vendeurs ambulants les font frire dans de grandes poêles noires, semblables à des woks et appelées kodai. Si vous n'en avez pas, vous pouvez parfaitement la remplacer par une grande poêle à fond épais, un wok ou une friteuse.

POUR 12 BHAJI

140 g de farine de pois chiche

1 cuill. à café de sel

1 cuill. à café de cumin en poudre

1 cuill. à café de curcuma en poudre

1 cuill. à café de bicarbonate de soude

½ cuill. à café de piment en poudre

2 cuill. à café de jus de citron

2 cuill. à soupe d'huile végétale ou d'arachide,
  plus pour la friture

de 2 à 8 cuill. à soupe d'eau

2 oignons tranchés finement

2 cuill. à café de graines de coriandre
  légèrement écrasées

quartiers de citron pour servir

1 Dans un grand saladier, tamisez la farine de pois chiche, le sel, le cumin, le curcuma, le bicarbonate de soude et le piment en poudre. Incorporez le jus de citron et l'huile, puis versez l'eau progressivement dans cette préparation, jusqu'à obtention d'une pâte ayant la consistance d'une crème fraîche liquide. Ajoutez les oignons et les graines de coriandre.

2 Faites chauffer une quantité suffisante d'huile de friture* dans un *kodai*, un wok, une friteuse ou une grande poêle à fond épais (jusqu'à une température de 180 °C ou jusqu'à ce qu'un dé de pain brunisse en 30 s). À l'aide d'une cuillère, déposez de petites quantités de pâte dans la poêle, sans la surcharger, puis faites frire les bhaji 2 min. Retournez-les à l'aide de pinces et poursuivez la cuisson 2 min.

3 Retirez-les dès qu'ils dorent et croustillent. Égouttez-les sur du papier absorbant et maintenez-les au chaud pendant que vous faites frire la pâte restante. Servez ces bhaji chauds, accompagnés de quartiers de citron.

* le truc du cuisinier

Comme pour toutes les fritures, la ligne ténue entre un séduisant croustillant et une texture grasse désagréable repose sur le maintien de l'huile à bonne température. Si elle est trop basse, vos bhaji seront gras ; si elle est trop élevée, la pâte brûlera alors que les oignons resteront crus. C'est pourquoi il importe de la laisser revenir à la bonne température entre deux fournées. Si vous faites régulièrement des fritures, n'hésitez pas à investir dans un thermomètre adapté.

40 samosa végétariens
aloo mattar samosa

S'il faut certes un peu de pratique et de patience pour réussir à façonner ces beignets triangulaires, il suffit d'en préparer quelques-uns pour devenir aussi habile que les cuisiniers indiens. En Inde, les samosa (végétariens et autres) sont frits et vendus à chaque coin de rue et sur tous les marchés.

POUR 14 SAMOSA

250 g de farine sans levure

½ cuill. à café de sel

40 g de ghee (voir p. 253) ou de beurre fondu

½ cuill. à soupe de jus de citron

de 100 à 125 ml d'eau froide

pour la farce*

55 g de ghee (voir p. 253) ou 4 cuill. à soupe d'huile
    d'arachide ou de toute huile végétale

2 gousses d'ail écrasées

1 oignon haché très finement

1 pomme de terre coupée en petits dés

2 carottes hachées très finement

2 cuill. à café de poudre de curry (douce ou épicée)

1½ cuill. à café de coriandre en poudre

1 cuill. à café de curcuma en poudre

1 piment vert frais égrené et haché finement

1 cuill. à café de sel

½ cuill. à café de graines de moutarde noire

300 ml d'eau

100 g de petits pois surgelés

55 g de chou-fleur cassé en très petits morceaux

huile d'arachide ou toute huile végétale pour la friture

feuilles de coriandre fraîches pour garnir

1 Commencez par préparer la farce : faites fondre le ghee dans un *kodai*, un wok ou une grande poêle sur feu vif. Faites ensuite revenir l'ail et l'oignon de 5 à 8 min, jusqu'à ce qu'ils dorent sans brunir.

2 Poursuivez la cuisson 5 min avec les dés de pomme de terre et les carottes, en tournant de temps en temps, puis incorporez la poudre de curry, la coriandre, le curcuma, le piment, le sel et les graines de moutarde. Versez l'eau et portez à ébullition. Laissez ensuite mijoter à petits frémissements environ 15 min, sans couvercle, en brassant régulièrement. Ajoutez les petits pois et le chou-fleur. Lorsque les légumes sont cuits et que le liquide s'est résorbé, retirez la poêle du feu et réservez.

3 Pendant ce temps, tamisez la farine et le sel dans un saladier, pratiquez un puits au centre et versez-y le ghee et le jus de citron. Travaillez cette pâte à la main en incorporant l'eau progressivement jusqu'à obtention d'une préparation souple.

4 Pétrissez cette préparation pendant 10 min. Lorsqu'elle est lisse, façonnez-la en boule et laissez-la reposer 15 min sous un linge humide.

5 Divisez-la en sept portions égales. Travaillez une portion à la fois et conservez les autres sous le linge. Sur une surface légèrement graissée, abaissez-la de façon à constituer un cercle de 20 cm, coupez ce cercle en deux demi-lunes de même taille et renouvelez l'opération avec les six cercles suivants.

6 Travaillez une demi-lune à la fois. Humectez légèrement son contour et déposez environ 2 cuill. à café de farce au centre, puis repliez la pâte en diagonale deux fois pour former un triangle. Badigeonnez l'ouverture avec un peu d'eau et pressez les rebords afin de bien sceller l'ensemble. Couvrez d'un linge humide pendant que vous assemblez les samosa restants.

7 Faites chauffer environ 2,5 cm d'huile dans un *kodai*, un wok ou une grande poêle à fond épais (jusqu'à une température de 180 °C ou jusqu'à ce qu'un dé de pain brunisse en 30 s), et faites frire les samosa en plusieurs fois, de 2 à 3 min. Retournez-les une fois pendant la cuisson. Lorsqu'ils sont dorés, égouttez-les parfaitement sur du papier absorbant. Ils sont meilleurs servis chauds, garnis de feuilles de coriandre et accompagnés d'un chutney, mais vous pouvez également les consommer à température ambiante.

* le truc du cuisinier
Pour des samosa non végétariens, reportez-vous à la recette du kheema matar (voir p. 151) ; laissez alors mijoter la farce dans une poêle non couverte jusqu'à ce qu'elle sèche.

42

pakora de chou-fleur
gobhi ka pakora

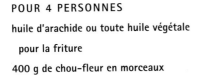

*Si ces beignets ambrés et croustillants apparaissent
sur les menus des restaurants occidentaux, ils se
préparent en Inde plus souvent au sein des foyers
– où ils sont servis comme collation ou plat – que
dans la rue.*

POUR 4 PERSONNES
huile d'arachide ou toute huile végétale
   pour la friture
400 g de chou-fleur en morceaux

pour la pâte
140 g de farine de pois chiche
2 cuill. à café de coriandre en poudre
1 cuill. à café de garam masala (voir p. 251)
1 cuill. à café de sel
½ cuill. à café de curcuma en poudre
1 pincée de piment en poudre
15 g de ghee (voir p. 253) fondu,
   ou 1 cuill. à soupe d'huile d'arachide
   ou de toute huile végétale
1 cuill. à café de jus de citron
150 ml d'eau froide
2 cuill. à café de graines de nigelle

1 Préparez la pâte* : dans un grand saladier, tamisez la
farine de pois chiche, la coriandre, le garam masala,
le sel, le curcuma et le piment en poudre. Pratiquez
un puits au centre et versez-y le ghee et le jus de citron,
ainsi que 2 cuill. à soupe des 150 ml d'eau. Mélangez
de manière à obtenir une pâte épaisse.

2 À l'aide d'un fouet électrique ou manuel, incorporez
l'eau restante. Lorsque la préparation prend la
consistance d'une crème épaisse, ajoutez les graines
de nigelle, puis laissez reposer 30 min à couvert.

3 Au moment de la friture, faites chauffer une
quantité d'huile suffisante dans un *kodai*, un wok,
une friteuse ou une grande poêle à fond épais (jusqu'à
une température de 180 °C ou jusqu'à ce qu'un dé de
pain brunisse en 30 s). Plongez les morceaux de chou-
fleur dans la pâte (en laissant l'excès s'écouler dans le
saladier), puis déposez-en plusieurs à la fois dans l'huile
chaude, sans surcharger la poêle. Comptez environ
3 min pour qu'ils dorent et croustillent.

4 Retirez-les à l'aide d'une écumoire, égouttez-les
sur du papier absorbant, puis renouvelez l'opération
avec la pâte et le chou-fleur restants. Servez chaud,
accompagné d'un chutney.

* le truc du cuisinier
Vous pouvez préparer la pâte la veille et la conserver
au réfrigérateur. Laissez-la ensuite revenir à température
ambiante, puis battez-la avant utilisation.

amandes et noix de cajou épicées

43

khatta-meetha mewa

Après une longue journée de promenade dans la chaleur moite et brûlante de Bombay, les bars d'hôtels constituent de véritables havres de paix où il fait bon grignoter ce délicieux mélange épicé de noix de cajou et d'amandes, accompagné d'un lassi salé (voir p. 212) ou d'une bière glacée.

POUR 450 g

300 g de sucre en poudre

1 cuill. à café de sel de mer

2 cuill. à soupe de poudre de curry (douce ou épicée)

1 cuill. à café de curcuma en poudre

1 cuill. à café de coriandre en poudre

1 pincée de piment en poudre

450 g d'un mélange d'amandes entières
  et de noix de cajou* écossées et blanchies

huile d'arachide ou toute huile végétale pour la friture

1 Dans un grand saladier, mélangez le sucre, le sel, la poudre de curry, le curcuma, la coriandre et le piment en poudre. Réservez.

2 Pendant ce temps, portez une grande casserole d'eau à ébullition et blanchissez 1 min les amandes et les noix de cajou. Égouttez-les dans une passoire (secouez-la pour les débarrasser de tout excès de liquide), puis transférez-les dans un saladier et saupoudrez-les immédiatement de sucre et d'épices.

3 Faites chauffer l'huile dans un *kodai*, un wok, une friteuse ou une grande poêle à fond épais (jusqu'à une température de 180 °C ou jusqu'à ce qu'un dé de pain brunisse en 30 s). À l'aide d'une écumoire, sortez les amandes et les noix de cajou de la préparation

épicée (conservez celle-ci dans le saladier), puis plongez-les dans l'huile chaude. Faites-les frire 3 ou 4 min en les tournant régulièrement et en les surveillant de près car elles brûlent facilement.

4 Toujours à l'aide d'une écumoire, retirez-les dès qu'elles dorent. Remettez-les dans la préparation épicée, puis à nouveau dans la passoire, et, cette fois, secouez-la pour éliminer l'excès d'épices. Laissez-les refroidir complètement. Elles se conserveront jusqu'à une semaine dans une boîte hermétique.

* le truc du cuisinier

Rarement servies en Inde, les noix de pécan et les noix sont aussi délicieuses avec cet assortiment d'épices.

bhel poori
bhel puri

*À Bombay, lors d'une promenade le long de la plage
de Chowpatty par une nuit chaude et moite, ce chaat
est un incontournable. Bien que chaque vendeur
en propose une version personnalisée, toutes sont
composées de riz soufflé et de pommes de terre.
Les quantités qui sont suggérées ici constituent une
indication de base que vous pouvez parfaitement
modifier selon votre goût.*

POUR 4 À 6 PERSONNES

sel

300 g de pommes de terre nouvelles

12 petites galettes de pain (voir p. 240) écrasées

200 g de pois chiches en boîte rincés
    et parfaitement égouttés

100 g de nouilles sevian ou de vermicelles*

55 g de riz soufflé

4 cuill. à soupe de raisins

2 cuill. à soupe de coriandre fraîche hachée

1 cuill. à soupe de graines de fenouil
    grillées et refroidies

4 cuill. à soupe de yaourt nature

chutney de tamarin (voir p. 249)

chutney de coriandre (voir p. 245)

pour le chaat masala

1 cuill. à soupe de graines de coriandre

1 cuill. à soupe de graines de cumin

1 cuill. à café de grains de poivre noir

2 piments rouges séchés

1 Portez une grande casserole d'eau salée à ébullition
et plongez-y les pommes de terre de 12 à 15 min,
jusqu'à cuisson complète. Égouttez-les, passez-les sous
l'eau froide, puis pelez-les et coupez-les en très petits
dés. Laissez-les ensuite reposer 30 min, au réfrigérateur
et à couvert.

2 Pendant ce temps, préparez le chaat masala : faites
chauffer une poêle à sec et sur feu vif. Jetez-y les
graines de coriandre et de cumin, les grains de poivre,
les piments, et brassez jusqu'à ce que les arômes des
épices se libèrent, en surveillant car les graines de cumin
brûlent vite. Retirez-les aussitôt pour stopper leur
cuisson, puis broyez-les dans un moulin à épices
ou un mortier.

3 À la main, mélangez les galettes de pain écrasées
avec les pommes de terre, les pois chiches, les
nouilles, le riz soufflé, les raisins, les graines de coriandre
et de fenouil. Saupoudrez de chaat masala et brassez
à nouveau.

4 Pour servir, répartissez cette préparation dans
de petits bols individuels ou transférez-la dans un
grand saladier et arrosez-la de yaourt et de chutney.
Elle sera meilleure, et plus ferme, si vous la consommez
immédiatement.

* le truc du cuisinier
Pour donner à ce bhel un goût et une texture
authentiques, essayez de vous procurer des sachets
de nouilles sevian dans les épiceries indiennes. Ce sont
de petits segments de nouilles très fines, souvent inclus
dans les recettes de Bombay mix.

Servis lors des mariages et de diverses fêtes religieuses, ces rouleaux de farine de pois chiche, aussi fins que délicats, sont parfaits pour un apéritif, accompagnés d'un cocktail ou d'un vin blanc sec.

khandvi
khandvi

47

POUR 16 ROULEAUX

85 g de farine de pois chiche

1 cuill. à café de gingembre en poudre

1 cuill. à café de sel

½ cuill. à café de curcuma en poudre

¼ cuill. à café de piment en poudre

450 ml d'eau

175 ml de yaourt nature

1 cuill. à soupe de jus de citron

pour la garniture

2 cuill. à soupe d'huile d'arachide ou de toute huile
  végétale

½ cuill. à soupe de graines de moutarde noires

½ cuill. à soupe de graines de sésame grillées

1 piment vert frais égrené et haché finement (facultatif)

½ cuill. à soupe de coriandre fraîche hachée finement

1 Dans un saladier, tamisez la farine de pois chiche, le gingembre, le sel, le curcuma et le piment en poudre et pratiquez un puits au centre. Mélangez l'eau, le yaourt et le jus de citron à l'aide d'un fouet, puis incorporez-les aux ingrédients secs en battant jusqu'à obtention d'une pâte lisse.

2 Rincez à l'eau froide la poêle la plus grande et la plus profonde que vous ayez et versez-y la pâte. Portez à ébullition sur feu vif, sans cesser de tourner, puis réduisez le feu et laissez mijoter environ 30 min en brassant régulièrement, jusqu'à ce que le liquide s'évapore et que la préparation épaississe.

3 Pendant ce temps, graissez légèrement une plaque à pâtisserie creuse et carrée de 30 cm*. Transférez-y la préparation et, à l'aide d'une spatule humide, étalez-la sur environ 3 mm d'épaisseur. Laissez-la refroidir complètement.

4 À l'aide d'un couteau aiguisé, découpez huit lanières de 4 cm de large, puis tranchez chaque lanière en deux de façon à obtenir des bandes de 15 cm de long. Utilisez un couteau à lame ronde pour les soulever et les rouler. Disposez ces rouleaux sur un plat et laissez-les reposer au frais jusqu'à utilisation.

5 Juste avant de servir, faites chauffer l'huile dans une poêle ou une cocotte sur feu moyen, et faites frire les graines de moutarde et de sésame sans cesser de tourner. Retirez la poêle du feu dès qu'elles commencent à éclater. Incorporez aussitôt le piment, tournez environ 30 s, puis nappez les rouleaux d'huile et d'épices chaudes. Pour servir, décorez-les de coriandre ciselée.

* le truc du cuisinier

Si vous n'avez pas de plaque de four carrée de 30 cm, graissez l'équivalent de cette surface sur un plan de travail et étalez la préparation comme indiqué, sur 3 mm d'épaisseur.

48

crevettes épicées au concombre
masala jhinga aur kakdi

Les industries informatiques qui se sont installées près de Bangalore ont doté cette ville ancienne d'un zeste de modernité. Avec cette nouvelle manne sont apparus des restaurants branchés où de jeunes chefs ont modifié des recettes traditionnelles, comme dans cette version croustillante de galettes de pain aux crevettes (voir p. 185 pour la recette authentique).

POUR 4 À 6 PERSONNES

2 tomates

¼ cuill. à café de coriandre en poudre

¼ cuill. à café de cumin en poudre

¼ cuill. à café de garam masala (voir p. 251)

1 oignon haché très finement

200 g de concombre épépiné et coupé en petits dés*

250 g de petites crevettes décongelées (si surgelées), cuites et décortiquées

3 cuill. à soupe de coriandre fraîche hachée finement

sel

de 6 à 8 galettes de pain (voir p. 240) pour servir

quartiers de citron pour servir

1 Portez une casserole d'eau à ébullition. Pratiquez une petite incision en forme de croix au sommet de chaque tomate, faites-les bouillir 1 min, puis retirez-les et plongez-les immédiatement dans l'eau glacée. Pelez-les, coupez-les en deux, épépinez-les et découpez leur chair en très petits dés.

2 Faites chauffer une poêle à sec et sur feu vif et faites revenir 15 s la coriandre, le cumin et le garam masala en tournant. Ajoutez l'oignon, poursuivez la cuisson 2 min sans cesser de mélanger jusqu'à obtention d'une préparation parfaitement sèche.

3 Incorporez les tomates et le concombre, continuez à tourner 2 min, puis à nouveau 2 min avec les crevettes. Lorsqu'elles sont chaudes, saupoudrez de coriandre et de sel.

4 Servez chaud ou à température ambiante, accompagné de galettes de pain et de quartiers de citron.

* le truc du cuisinier
Pour une version colorée et rafraîchissante, à consommer froide, remplacez le concombre par de petits dés de mangue.

Ce style architectural à la décoration raffinée est typique de nombreux temples et palais indiens.

crevettes et ananas tikka

jhinga aur annanas tikka

Encore paisible il y a quelques années, l'État du Kerala, au sud de l'Inde, est devenu une destination touristique majeure. Parallèlement à cette évolution sont apparus des restaurants où de jeunes chefs innovent en associant de nouveaux parfums, à l'image de cette entrée stylisée. Servie sur des feuilles de bananier luisantes, elle séduira tous vos convives.

POUR 4 PERSONNES

1 cuill. à café de graines de cumin

1 cuill. à café de graines de coriandre

½ cuill. à café de graines de fenouil

½ cuill. à café de graines de moutarde jaunes

¼ cuill. à café de graines de fenugrec

¼ cuill. à café de graines de nigelle

1 pincée de piment en poudre

sel

2 cuill. à soupe de jus de citron ou d'ananas

12 crevettes roses crues, décortiquées
  et déveinées, avec la queue intacte*

12 bouchées d'ananas frais ou en boîte, égouttées

coriandre fraîche ciselée pour garnir

sambal à la noix de coco (voir p. 247) pour servir

1 Si vous utilisez des piques en bois, faites-les tremper 20 min dans l'eau afin qu'elles ne brûlent pas pendant la cuisson.

2 Dans une poêle chaude, faites griller à sec et sur feu vif les graines de cumin, de coriandre, de fenouil, de moutarde, de fenugrec et de nigelle, sans cesser de tourner jusqu'à ce que les arômes des épices se libèrent, puis retirez-les aussitôt.

3 Réduisez-les en poudre fine dans un moulin à épices ou un mortier, avec le piment en poudre et le sel, puis transférez-les dans un saladier non métallique et incorporez le jus de citron ou d'ananas.

4 Ajoutez les crevettes. Brassez afin de bien les napper de marinade, et laissez-les macérer 10 min. Pendant ce temps, préchauffez le gril à haute température.

5 Enfilez alternativement trois crevettes et trois morceaux d'ananas sur chaque pique en métal ou en bois, puis passez-les au gril, à environ 10 cm de la source de chaleur, pendant 2 min de chaque côté. Pendant la cuisson, badigeonnez-les de la marinade restante, jusqu'à ce que les crevettes rosissent et soient parfaitement cuites.

6 Servez les brochettes entières ou les crevettes et les morceaux d'ananas sans les piques, parsemés d'une bonne quantité de coriandre et accompagnés d'un sambal à la noix de coco.

* le truc du cuisinier
Pour déveiner les crevettes, décortiquez-les, puis, en les tenant par la queue, pratiquez une longue incision sur leur dos à l'aide d'un petit couteau aiguisé, en veillant à ne pas les trancher. De la pointe du couteau, soulevez ensuite les intestins et retirez-les.

52

raïta aux pommes de terre
aloo ka raita

Si les raïta frais et crémeux sont souvent associés à des plats brûlants et épicés, cette recette parfumée, à base de pommes de terre et de yaourt, peut également être servie seule, en salade. Pour la transformer en un repas léger, il suffit de l'accompagner de riz et de chapati.

POUR 4 À 6 PERSONNES

400 g de pommes de terre nouvelles nettoyées

sel

1 cuill. à café de graines de coriandre

1 cuill. à café de graines de fenouil

400 ml de yaourt nature

1 piment vert frais égrené et haché finement

poivre

menthe fraîche ciselée pour garnir

de 4 à 8 poppadom réchauffés pour servir*

1 Faites bouillir les pommes de terre de 10 à 12 min dans l'eau salée jusqu'à cuisson complète (vérifiez en les piquant d'une fourchette). Égouttez-les, rincez-les sous l'eau froide, puis secouez-les pour les égoutter à nouveau. Lorsqu'elles sont assez froides pour être manipulées, coupez-les en dés, avec ou sans la peau.

2 Entre-temps, faites griller à sec et sur feu vif les graines de coriandre et de fenouil dans une poêle chaude, en tournant pour que les arômes se libèrent. Retirez-les aussitôt afin qu'elles ne brûlent pas.

3 Réduisez-les en poudre fine dans un moulin à épices ou un mortier.

4 Dans un saladier, battez le yaourt jusqu'à ce qu'il devienne lisse. Incorporez les épices broyées et le piment. Salez, poivrez, puis mélangez les pommes de terre au yaourt épicé, sans les briser. Laissez reposer 30 min au réfrigérateur, couvert d'un film étirable.

5 Au moment de servir, brassez rapidement et parsemez d'une bonne quantité de menthe fraîche. Ce raïta est délicieux avec des poppadom chauds.

* le truc du cuisinier

Pour faire cuire les poppadom, faites chauffer 1 cm d'huile d'arachide ou végétale dans un *kodai*, un wok ou une poêle. Déposez-les dans l'huile chaude et laissez-les s'étaler légèrement. Lorsqu'ils commencent à dorer et que de petites bulles se forment à la surface, sortez-les immédiatement à l'aide de pinces et égouttez-les sur du papier absorbant. Vous pouvez également préchauffer le gril au maximum, badigeonner chaque poppadom d'une petite quantité d'huile d'arachide ou végétale, puis les passer au gril, quelques secondes de chaque côté.

En Inde, les histoires et les dieux sont souvent dépeints par des sculptures de pierre aux ciselures raffinées.

poulet
murgh tikka

Cette recette est une version express du tikka traditionnel (pour une recette tandoori plus authentique, reportez-vous au poulet p. 156). Préparée avec des cuisses de poulet désossées, elle exhale les parfums de la cuisine indienne sans avoir recours à une sauce prête à l'emploi. Le mot tikka *signifie que le plat est réalisé avec des morceaux de viande, ici de poulet, et non la volaille entière.*

POUR 4 PERSONNES
4 cuisses de poulet désossées, sans la peau et coupées en lanières*

pour la pâte tikka

150 ml de yaourt nature

2 cuill. à soupe de jus de citron

1 cuill. à soupe de pâte à l'ail et au gingembre (voir p. 26)

1 cuill. à soupe de purée de tomates

2 cuill. à café de garam masala (voir p. 251)

les graines de 2 gousses de cardamome noire

½ cuill. à café de cumin en poudre

½ cuill. à café de coriandre en poudre

1 cuill. à café de paprika

½ cuill. à café de piment en poudre

sel

pour servir

laitue iceberg en lanières

quartiers de citron

1 Commencez par préparer la pâte tikka : dans un saladier non métallique, mélangez le yaourt, le jus de citron, la pâte à l'ail et au gingembre, la purée de tomates, le garam masala, les graines de cardamome, le cumin, la coriandre, le paprika, le piment en poudre et le sel. Plongez-y les morceaux de poulet et brassez afin de bien les napper de marinade. Laissez-les reposer 30 min à température ambiante, ou jusqu'à 24 h au réfrigérateur et à couvert.

2 Pendant ce temps, si vous utilisez des piques en bois, faites-les tremper 20 min dans l'eau afin qu'ils ne brûlent pas pendant la cuisson.

3 Préchauffez un gril huilé à assez haute température. Si vous avez laissé reposer le poulet au réfrigérateur, sortez-le 15 min avant la cuisson. Enfilez ses morceaux sur les quatre piques à cocktail.

4 Passez ces brochettes de 12 à 15 min sous le gril, en les retournant une ou deux fois et en les badigeonnant de la marinade restante, jusqu'à ce que la chair grille légèrement et que le jus qui s'en écoule soit clair lorsque vous la piquez d'une fourchette. Dressez-les sur de la laitue découpée en lanières, avec des quartiers de citron. Accompagnées de naan et de chutneys, elles constituent une entrée substantielle.

* le truc du cuisinier

Vous pouvez également utiliser cette pâte avec des blancs de poulet sans leur peau ou du filet d'agneau, celui-ci devant mariner le plus longtemps possible, de préférence toute la nuit.

Au verso *Une épicerie goanaise, véritable caverne d'Ali Baba.*

chips de plantain
kele ke chips

La simplicité à l'état pur. Originaires du Kerala, ces bananes plantains frites sont si savoureuses qu'il est préférable de les préparer en grandes quantités afin de ne pas se retrouver à court! Les bananes qui poussent en abondance en Inde du Sud sont petites et vertes, semblables aux plantains occidentaux, et vous les trouverez sur les marchés indiens ou antillais. Pour une saveur optimale, servez-les immédiatement, accompagnées d'un chutney.

POUR 4 PERSONNES
4 bananes plantains* mûres
1 cuill. à café de poudre de curry (douce ou épicée)
huile d'arachide ou toute huile végétale pour la friture
noix de coco fraîche râpée (facultatif)

1 Épluchez les bananes, découpez-les en rondelles de 3 mm, en diagonale, puis transférez-les dans un saladier et saupoudrez-les de poudre de curry. Mélangez légèrement à la main.

2 Faites chauffer une quantité d'huile suffisante dans un *kodai*, un wok, une friteuse ou une grande poêle à fond épais jusqu'à une température de 180 °C, ou jusqu'à ce qu'un dé de pain brunisse en 30 s. Faites frire autant de rondelles que possible, sans surcharger la poêle (comptez environ 2 min pour qu'elles dorent).

3 Retirez ces chips à l'aide d'une écumoire et égouttez-les parfaitement sur du papier absorbant. Rapez de fines miettes de noix de coco fraîche sur les bananes encore chaudes et servez aussitôt.

* le truc du cuisinier
Pour cette recette, vous pouvez également utiliser des bananes à peau jaune ; le temps de friture sera alors légèrement réduit.

Un vieil homme, vêtu du costume traditionnel indien, joue d'un instrument de bois semblable à une flûte.

60
paneer tikka
paneer tikka

Pour les millions de végétariens indiens, le paneer, fromage blanc et ferme, constitue la principale source de protéines. Très fade, il est souvent associé à une pâte tikka épicée, le contraste entre ces deux saveurs offrant un plat délicatement relevé, délicieux à savourer avec une bière fraîche.

POUR 4 PERSONNES

350 g de paneer (voir p. 252) coupé en 16 dés

ghee fondu (voir p. 253), huile d'arachide ou toute huile
  végétale pour badigeonner

1 cuill. à café de garam masala (voir p. 251)

feuilles de coriandre fraîche pour garnir

pour la pâte tikka*

10 grains de poivre noir

6 clous de girofle

les graines de 4 gousses de cardamome verte

1 cuill. à café de graines de cumin

1 cuill. à café de graines de coriandre

½ cuill. à café de graines de pavot

½ cuill. à café de curcuma en poudre

½ cuill. à café de piment en poudre

2 cuill. à soupe de pâte à l'ail
  et au gingembre (voir p. 26)

1 quartier d'oignon haché

150 ml de yaourt nature

½ cuill. à soupe de purée de tomates

1 cuill. à soupe de farine de pois chiche

1 cuill. à soupe d'huile d'arachide ou de toute huile
  végétale

1 Préparez la pâte tikka : dans une poêle chaude, faites griller à sec et sur feu vif les grains de poivre, les clous de girofle, les graines de cardamome, de cumin, de coriandre et de pavot, sans cesser de tourner, jusqu'à ce que les arômes des épices se libèrent. Retirez-les aussitôt afin qu'elles ne brûlent pas.

2 Dans un moulin à épices ou un mortier, réduisez-les en poudre fine avec le curcuma et le piment, puis ajoutez la pâte à l'ail et au gingembre et l'oignon. Poursuivez jusqu'à obtention d'une pâte. Transférez cette pâte dans un saladier et incorporez le yaourt, la purée de tomates, la farine de pois chiche et l'huile.

3 Plongez les dés de paneer dans cette préparation. Mélangez à la main en veillant à ne pas les briser, et laissez-les mariner 30 min à température ambiante, ou jusqu'à 24 h au réfrigérateur, couverts d'un film étirable.

4 Pendant ce temps, si vous utilisez des piques en bois, faites-les tremper 20 min dans l'eau afin qu'elles ne brûlent pas pendant la cuisson.

5 Préchauffez le gril. Si vous avez laissé le fromage au réfrigérateur, sortez-le 15 min avant la cuisson. Huilez les quatre piques, et enfilez les dés de paneer, en prenant soin de laisser un léger espace entre eux.

6 Passez ces brochettes de 12 à 15 min sous le gril, en les retournant une fois et en les enduisant de la pâte tikka restante. Lorsque le fromage commence à griller, sortez-les et badigeonnez-les aussitôt de ghee fondu. Saupoudrez-les ensuite de garam masala et servez, garni de feuilles de coriandre.

* le truc du cuisinier
Pour gagner du temps, remplacez les épices par
2 cuill. à soupe de masala tandoori, en vente dans les
supermarchés ou les épiceries indiennes. Incorporez-le
à la pâte à l'ail et au gingembre à l'étape n° 2, puis
poursuivez comme indiqué.

Ces brochettes sont parfaites pour un repas rapide, mais
si vous désirez un plat plus consistant, hachez 2 poivrons
rouges ou jaunes, épépinez-les et coupez-les en dés ;
blanchissez-les dans l'eau bouillante, puis passez-les
sous l'eau froide. Sur les piques, alternez le paneer avec
des morceaux de poivron et des champignons de Paris.

ttes de crabe
kekua tikki

*Traditionnellement servies avec le thé, ces galettes à
base de pommes de terre sont appréciées des enfants.
Elles sont ici légèrement épicées et façonnées en
petites bouchées destinées à accompagner un cocktail,
un verre de bière glacée ou un lassi rafraîchissant.*

POUR 14 CANAPÉS

2 grosses pommes de terre à cuire au four
  (environ 450 g), nettoyées et coupées en deux

½ cuill. à café de curcuma en poudre

3 oignons blancs hachés très finement

1 piment vert frais égrené et haché finement

1 cm de racine de gingembre frais râpé

2 cuill. à soupe de coriandre fraîche hachée finement

le zeste de 1 citron râpé finement

le jus de 2 citrons

200 g de chair de crabe en boîte, égouttée et émiettée*

sel et poivre

huile d'arachide ou toute huile végétale pour la friture

pour servir

quartiers de citron jaune ou vert

chutney ou raïta

1 Dans une grande casserole d'eau légèrement salée,
faites bouillir les pommes de terre avec la peau
jusqu'à cuisson complète (vérifiez en les piquant d'une
fourchette). Égouttez-les parfaitement, puis pelez-les
dès qu'elles sont assez froides pour être manipulées.

2 Écrasez-les dans un grand saladier à l'aide d'un
presse-purée ou d'une fourchette (la purée obtenue
ne doit pas être tout à fait lisse). Saupoudrez-les de
curcuma, mélangez parfaitement, puis incorporez les
oignons blancs, le piment, le gingembre, la coriandre,
le zeste et le jus de citron. Ajoutez la chair de crabe
et brassez à la main. Salez et poivrez.

3 Avec les mains humides, divisez cette préparation en
quatorze boulettes. Avec chacune d'elle, façonnez
une galette de 4 cm de largeur sur 1 cm d'épaisseur.

4 Faites chauffer une fine couche d'huile dans un
kodai, un wok ou une grande poêle sur feu moyen,
et faites frire les galettes en une seule couche, sans
surcharger la poêle, pendant environ 4 min. Lorsqu'elles
sont dorées et croustillantes, retirez-les et renouvelez
l'opération avec les galettes restantes.

5 Servez-les chaudes ou à température ambiante,
accompagnées de quartiers de citron, ainsi que
de chutney ou de raïta.

* le truc du cuisinier
Vous pouvez remplacer le crabe par du saumon
ou du thon en boîte.

Pêche au large des côtes de Cochin, en Inde du Sud.

64 salade de tomates aux oignons
cachumber

Cette salade populaire est typique de ce qui est proposé dans de nombreux restaurants. Associée à des chapati (voir p. 236), elle peut constituer un repas léger, mais elle est aussi parfaite avec un agneau biryani (voir p. 126) ou toute autre recette tandoori. Ne la réalisez qu'avec des tomates mûries au soleil, au parfum chaud et intense.

POUR 4 À 6 PERSONNES

3 tomates épépinées et coupées en petits dés

1 gros oignon haché finement

3 cuill. à soupe de coriandre fraîche hachée, plus pour garnir

1 ou 2 piments verts frais égrenés et tranchés très finement*

2 cuill. à soupe de jus de citron

1 pincée de sucre

1 cuill. à café de sel

poivre

1 Dans un saladier, mélangez délicatement les tomates, l'oignon, la coriandre et les piments avec le jus de citron et le sucre. Salez, poivrez, puis laissez reposer 1 h au réfrigérateur et à couvert.

2 Juste avant de servir, brassez délicatement la salade. Incorporez le jus de citron, salez et poivrez de nouveau, puis transférez-la dans un saladier de service. Servez-la décorée de coriandre fraîche.

* le truc du cuisinier

Le feu des piments, qui peut provoquer de réelles sensations de brûlure, provient d'une substance chimique appelée capsicine, présente dans leurs graines et leurs nervures. Égrener un piment permet de diminuer son feu et de mieux apprécier son parfum. Pour cela, pratiquez une longue incision de la tête au pédoncule à l'aide d'un couteau aiguisé, puis, de la pointe du couteau, retirez les graines et les veines.

salade de carottes du Gujerat
gajar nu salat

Dans le Gujerat, État du nord-ouest de l'Inde et berceau de cette salade à la réputation universelle, les carottes locales sont d'un rouge orangé flamboyant.

POUR 4 À 6 PERSONNES

450 g de carottes épluchées

1 cuill. à soupe d'huile d'arachide ou de toute huile végétale

½ cuill. à soupe de graines de cumin

½ cuill. à soupe de graines de moutarde noire

1 piment vert frais égrené et haché

½ cuill. à café de sucre

½ cuill. à café de sel

1 pincée de curcuma en poudre

1½ ou 2 cuill. à soupe de jus de citron

1 Dans un saladier, râpez grossièrement les carottes. Réservez-les.

2 Faites chauffer l'huile dans un *kodai,* un wok ou une grande poêle sur feu moyen et faites frire les graines de cumin et de moutarde, sans cesser de tourner, jusqu'à ce que ces dernières commencent à éclater. Retirez aussitôt la poêle du feu, incorporez le piment, le sucre, le sel et le curcuma, puis laissez refroidir environ 5 min.

3 Versez l'huile chaude et les épices sur les carottes, suivies du jus de citron. Mélangez et rectifiez l'assaisonnement selon votre goût, puis laissez reposer 30 min et à couvert au réfrigérateur. Brassez soigneusement avant de servir.

66

salade de crabe de Malabar Hill
eguru kosumalli

Offrant une vue spectaculaire sur la baie, les plus vastes demeures de Bombay se dressent sur Malabar Hill, véritable oasis de calme et de fraîcheur au-dessus de la frénésie citadine. Pour les femmes de la bonne société et les stars de Bollywood, cette salade rafraîchissante est typique des mets servis sous les vérandas fleuries, à l'ombre des palmiers.

POUR 4 À 6 PERSONNES

350 g de chair de crabe blanche fraîchement cuite

3 oignons blancs hachés finement

2 cuill. à soupe de feuilles de coriandre fraîche
    grossièrement hachée

2 cuill. à soupe de feuilles de menthe fraîche
    grossièrement hachée

sel et poivre

2 mangues découpées en petits dés*

brins de coriandre fraîche pour garnir

quartiers de citron vert pour servir

pour l'assaisonnement

55 g de crème de coco solide

4 cuill. à soupe d'eau bouillante

1 piment rouge frais égrené et haché finement

le jus et le zeste de 1 citron vert râpé finement

1 Préparez l'assaisonnement : émiettez la crème de coco dans un grand saladier allant au four, et nappez-la progressivement d'eau bouillante (en quantité suffisante pour qu'elle se dissolve et jusqu'à obtention d'un liquide épais). Ajoutez le piment, le zeste et le jus de citron vert, et laissez refroidir complètement.

2 Une fois l'assaisonnement parfaitement refroidi, incorporez la chair de crabe et les oignons blancs, puis laissez reposer à couvert au réfrigérateur.

3 Au moment de servir, décorez de feuilles de coriandre et de menthe. Ajoutez du jus de citron vert, salez, poivrez, puis incorporez la mangue et mélangez. Cette salade est superbe servie sur des assiettes individuelles avec une garniture de brins de coriandre et accompagnée de quartiers de citron vert.

* le truc du cuisinier

La mangue est délicate à peler et à dénoyauter en raison de sa chair glissante adhérant au noyau central. D'une main, tenez fermement le fruit non pelé sur le plan de travail puis, à l'aide d'un couteau aiguisé, tranchez-le en deux, le plus près possible du noyau. Renouvelez l'opération de l'autre côté. Tracez un dessin quadrillé sur chacune des moitiés obtenues, sans trancher la peau du fruit, puis retournez-les et découpez la mangue en petits dés. Ôtez la chair autour du noyau central.

salade de pois chiches pimentée
chatpate channe

1 Dans un saladier, mélangez le yaourt, l'oignon rouge et le piment. Incorporez les pois chiches et réservez.

2 Faites chauffer l'huile dans un *kodai*, un wok ou une grande poêle sur feu moyen et faites revenir l'ase fétide avec les graines de cumin et de moutarde en tournant, de 1 à 2 min, jusqu'à ce que les graines commencent à éclater.

3 Mélangez-les aussitôt aux pois chiches, ajoutez le jus de citron, le sel et le poivre : la salade est alors prête à être consommée. Vous pouvez également la laisser reposer au réfrigérateur et à couvert jusqu'à 24 h. Pour servir, parsemez-la de menthe fraîche ciselée.

Chez les sikhs pendjabis, les pois chiches secs constituent l'une des bases du régime hivernal. Préparés comme ici en salade, ils peuvent être servis en entrée ou en plat, lors d'un repas végétarien ; ils sont alors accompagnés d'un assortiment de pains et de raïta.

* le truc du cuisinier

Pour réaliser cette salade parfumée, vous pouvez utiliser des pois chiches secs. Faites-en tremper 200 g toute la nuit, dans une grande quantité d'eau. Égouttez-les. Placez-les ensuite dans une grande casserole, recouvrez-les d'eau fraîche et portez à ébullition. Faites-les bouillir 10 min, en écumant la surface si nécessaire, puis réduisez le feu et laissez mijoter de 1 h à 1½ h, selon l'âge des légumes secs (plus ils sont vieux, plus ils sont longs à cuire). Ne les salez pas avant qu'ils soient parfaitement cuits. Enfin, égouttez-les, puis incorporez-les à la préparation au yaourt à l'étape n° 1.

POUR 4 À 6 PERSONNES

4 cuill. à soupe de yaourt nature

½ oignon rouge haché très finement

½ piment rouge frais, égrené ou non, tranché finement

400 g de pois chiches en conserve rincés
  et parfaitement égouttés*

2 cuill. à café d'huile d'arachide
  ou de toute huile végétale

1 pincée d'ase fétide en poudre

2 cuill. à café de graines de cumin

2 cuill. à café de graines de moutarde noires

1 cuill. à café de jus de citron

sel et poivre

menthe fraîche ciselée pour garnir

soupe memsahib's mulligatawny
mullagatanni

Cette soupe consistante et épicée, au parfum évocateur de l'Empire britannique, apparaît encore en Inde sur les menus des restaurants. Son nom provient d'une déformation de l'expression tamoule milagu tannir, *qui pourrait se traduire par « eau poivrée ». Les soupes n'ayant jamais figuré en large place dans la cuisine indienne, les Anglais adaptèrent le rasam (voir p. 71) pour le transformer en ce plat devenu un classique.*

POUR 4 À 6 PERSONNES

40 g de ghee (voir p. 253) ou 3 cuill. à soupe d'huile
   d'arachide ou de toute huile végétale

2 grosses gousses d'ail écrasées

2 carottes coupées en dés

2 branches de céleri hachées

1 gros oignon haché

1 grosse pomme pelée, évidée et hachée

1 cuill. à soupe de farine de pois chiche
   ou de farine sans levure

1 ou 2 cuill. à café de poudre de curry (douce ou épicée)

2 cuill. à café de pâte de curry prête à l'emploi

½ cuill. à café de coriandre en poudre

1 litre de bouillon de légumes, d'agneau ou de volaille

2 grosses tomates hachées

sel et poivre

55 g de riz basmati cuit (facultatif)

85 g de bœuf, agneau ou poulet sans la peau,
   cuit et coupé en dés

coriandre fraîche ciselée pour garnir

1 Dans une cocotte, faites fondre le ghee ou chauffer l'huile sur feu moyen. Ajoutez l'ail, les carottes, le céleri, l'oignon et la pomme, et faites-les frire de 5 à 8 min, en tournant, jusqu'à ce que l'oignon blondisse.

2 Poursuivez la cuisson 1 min en brassant, avec la farine, la poudre et la pâte de curry et la coriandre.

3 Versez le bouillon, faites bouillir et ajoutez les tomates. Salez, poivrez, réduisez le feu et laissez mijoter 45 min à couvert, jusqu'à cuisson complète de la pomme et des légumes.

4 Laissez refroidir, puis broyez le tout au mixeur. Lorsque la soupe est lisse, passez-la à travers un tamis, au-dessus de la cocotte rincée, en pressant à l'aide d'une cuillère en bois (tous les résidus des ingrédients doivent être éliminés pour obtenir une préparation veloutée).

5 Incorporez éventuellement le riz, puis la viande. Portez à ébullition et faites réchauffer la soupe 5 min. Servez dans des bols, garni de coriandre.

L'une des innombrables sculptures de la ville sacrée de Hampi, en Inde du Sud, où se côtoient plus de mille temples.

rasam
rasam

Il semblerait que ce bouillon traditionnel léger, originaire du Tamil Nadu, ait inspiré la soupe memsahib's mulligatawny (voir p. 68), créée par les cuisiniers de la domination britannique. Pour la doter d'une saveur « explosive » et authentique, conservez les graines du piment.

POUR 4 À 6 PERSONNES

1½ cuill. à soupe d'huile de moutarde

30 g de pâte de tamarin

1 litre d'eau chaude

1 gros oignon haché

4 grosses gousses d'ail hachées

1 piment rouge frais haché

4 grosses tomates épépinées et hachées

1 cuill. à café de cumin en poudre

1 cuill. à soupe de purée de tomates (facultatif)

1 cuill. à soupe de graines de moutarde noires

sel et poivre

feuilles de coriandre fraîche pour garnir

1 Dans une grande cocotte, faites chauffer sur feu vif 1 cuill. à soupe d'huile de moutarde. Lorsqu'elle fume, retirez la cocotte du feu et laissez-la refroidir. Pendant ce temps, dissolvez la pâte de tamarin dans un saladier avec 200 ml d'eau chaude.

2 Réduisez l'oignon, l'ail et le piment en pâte dans un moulin à épices ou un mortier.

3 Remettez la cocotte sur feu moyen. Lorsque l'huile de moutarde est réchauffée, faites frire la pâte aux oignons 2 min en tournant, puis incorporez les tomates, le cumin, le liquide au tamarin et l'eau restante.

4 Portez à ébullition. Réduisez ensuite le feu et laissez mijoter 5 min à couvert. Goûtez. Si les tomates n'ont pas assez de goût ou ne sont pas assez rouges, incorporez la purée de tomates dans la préparation.

5 Entre-temps, faites chauffer l'huile de moutarde restante dans une poêle et laissez frire les graines de moutarde de 1 à 2 min en tournant. Lorsqu'elles commencent à éclater, retirez-les immédiatement et laissez-les reposer sur du papier absorbant.

6 Une fois la soupe légèrement refroidie, passez-la au mixeur jusqu'à obtention d'une préparation lisse, puis, à l'aide d'une cuillère en bois, passez-la à travers un tamis dans la cocotte rincée, en prenant soin de retirer les pépins et la peau des tomates.

7 Réchauffez-la. Salez et poivrez, puis transférez-la dans des bols et parsemez-la de graines de moutarde. Servez* décoré de feuilles de coriandre.

* le truc du cuisinier

Pour transformer cette soupe en plat végétarien léger, servez-la sur du riz, selon le style tamoul.

72 soupe de yaourt au curcuma
haldi dahi ka shorba

Le jaune flamboyant de cette soupe végétarienne crémeuse est dû au curcuma, épice employée pour colorer de nombreux plats indiens. Cultivé dans les grandes plantations du Sud, il s'utilise en cuisine, mais également en médecine, comme antiseptique.

POUR 4 À 6 PERSONNES

55 g de farine de pois chiche

1 cuill. à café de curcuma en poudre

¼ cuill. à café de piment en poudre

½ cuill. à café de sel

400 ml de yaourt nature

30 g de ghee (voir p. 253) ou 2 cuill. à soupe d'huile d'arachide ou de toute huile végétale

700 ml d'eau

pour la garniture*

10 g de ghee (voir p. 253) ou ½ cuill. à soupe d'huile d'arachide ou de toute huile végétale

¾ cuill. à café de graines de cumin

½ cuill. à café de graines de moutarde noires

½ cuill. à café de graines de fenugrec

de 4 à 6 piments rouges frais, selon le nombre de convives

1 Dans un grand saladier, mélangez la farine de pois chiche, le curcuma, le piment en poudre et le sel, puis, à l'aide d'un fouet ou d'une fourchette, incorporez le yaourt dans cette préparation en battant jusqu'à disparition des grumeaux.

2 Faites fondre le ghee dans un *kodai*, un wok ou une grande poêle à fond épais sur feu moyen. Versez-y la préparation au yaourt, puis l'eau, sans cesser de fouetter. Portez à ébullition, réduisez à feu très doux et laissez mijoter 8 min en battant fréquemment, jusqu'à ce que la soupe épaississe et que ses composants cuisent. Goûtez et salez si nécessaire.

3 Dans une autre petite poêle, préparez la garniture : faites fondre le ghee, puis faites frire les graines de cumin, de moutarde et de fenugrec en tournant, jusqu'à ce qu'elles commencent à éclater. Incorporez les piments et retirez la poêle du feu. Brassez environ 30 s, jusqu'à l'apparition de cloques sur les piments (s'ils sont frais, ils risquent d'éclater, aussi est-il prudent de rester en retrait).

4 Transférez la soupe dans des bols et garnissez-la d'épices et d'une petite quantité de ghee doré.

* le truc du cuisinier
Si vous ne voulez pas utiliser les épices (voir p. 76-79) pour la garniture, remplacez-les par 1 cuill. de chutney de coriandre (voir p. 245).

PLATS
VÉGÉTARIENS

Avec la plus forte population végétarienne au monde, il n'est pas surprenant que l'Inde détienne aussi le record inégalé, en diversité et en parfums, de recettes de légumes, fruits frais, céréales, graines, noix et produits laitiers, source d'inspiration inépuisable et formidable base pour concocter des repas équilibrés.

En Inde, où le végétarisme est lié à la multitude de croyances religieuses et philosophiques, la richesse de cette cuisine n'a cessé d'évoluer au fil des siècles. Bien que seule la consommation de bœuf soit interdite chez les hindouistes, des millions d'entre eux s'abstiennent de consommer tout type de viande, à l'instar des jaïns qui, comme les bouddhistes, se refusent à tuer toute créature vivante ; les anciennes traditions de l'ayurveda, qui prône des traitements par les herbes et un régime végétarien pour le maintien d'une bonne santé, constituent également un mode de vie pour des millions d'Indiens, dont beaucoup sont simplement végétariens en raison du coût prohibitif de la viande.

S'il existe peu de similitudes entre les traditions culinaires du nord et du sud du pays, la cuisine végétarienne s'impose comme l'un des traits communs entre ces deux régions, et où que vous voyagiez sur le sous-continent, vous trouverez toujours une option végétarienne pour les repas.

Partout, les marchés végétariens éclatent de mille couleurs et parfums. Le pays disposant de réseaux routier et ferroviaire et de moyens de transport réfrigérés peu performants, les fruits et légumes frais sont généralement locaux et saisonniers. Les cultivateurs les transportent et les vendent dans des paniers remplis d'un unique ingrédient, ce qui facilite la tâche des cuisiniers en quête des meilleurs produits.

Les dal, qui désignent à la fois les légumes secs cassés (lentilles, haricots et pois secs) et les plats à base de ces légumes cassés ou entiers, composent la base de nombreux repas végétariens. Peu coûteux, ils offrent en outre une excellente source en fibres, faible en graisse, et la plupart ne nécessitent ni pré-trempage ni longues cuissons – un avantage quand on sait que les Indiens consomment des dal et du riz au moins une fois par jour. Enfin, le dal roti, qui est un dal servi avec du pain, est la nourriture de subsistance pour des millions de personnes.

Si vous n'avez pas l'habitude de les cuisiner, leur choix immense et l'absence d'étiquettes dans les épiceries indiennes risquent de vous dérouter. Dans cet ouvrage, les dal sont préparés avec des *chana dal* (lentilles jaunes cassées ou pois chiches bengalis entiers), des *urad dal chilke* (lentilles noires cassées ou lentilles égyptiennes cassées, non écossées), des *urad dal sabat* (lentilles noires entières) et des *kabuli chana* (pois chiches blancs entiers), en vente dans les supermarchés et dans les épiceries indiennes.

En Inde, la virtuosité des cuisiniers pour transformer ces légumes souvent insipides en plats attrayants, aux textures et aux parfums aussi divers que séduisants, provoque l'admiration. Pour parfumer un dal, l'une des techniques majeures consiste à verser l'huile de cuisson des épices et des feuilles sur les légumes secs, juste avant de servir. Cette méthode appelée *tarka* est censée exalter la saveur du plat.

Où que vous voyagiez sur le sous-continent, vous trouverez toujours une option végétarienne pour les repas.

Une autre spécificité de la cuisine végétarienne indienne est le paneer.

Une autre spécificité de la cuisine végétarienne indienne est le paneer (voir p. 252), un fromage pressé blanc et crémeux, aussi fade que le tofu et qui, comme lui, absorbe les parfums des ingrédients avec lesquels il cuit. Le paneer tikka (voir p. 60) et le paneer matar (voir p. 100) vous en feront découvrir deux goûts différents.

À l'extrémité ouest de l'Inde, le long de la mer d'Oman, l'État de Gujerat à la forte population jaïne, qui ne consomme ni ail ni oignon, est considéré comme le foyer de la cuisine végétarienne raffinée. Pour un en-cas indien original, goûtez le khandvi (voir p. 47), de fins rouleaux de pâtes relevés d'un tarka coloré. Le kitchri (voir p. 117), plat de lentilles mélangées à du riz qui a inspiré les cuisiniers de la domination britannique pour le kedgeree, en est originaire, comme les pakora de chou-fleur (voir p. 42).

En Inde, chaque région possède des plats traditionnels végétariens : ainsi, au Bengale, le potiron épicé à la noix de coco (voir p. 88), dans le Sud ensoleillé, le sambhar (voir p. 82), dans le Nord, l'aloo gobi (voir p. 103), et dans le Maharashtra, les aubergines farcies (voir p. 94).

Au gré des différents chapitres, vous découvrirez également des plats parfaitement adaptés à un régime végétarien, tels que le raïta aux pommes de terre (voir p. 52), le rasam (voir p. 71), la soupe de yaourt au curcuma (voir p. 72), et, dans les chapitres sur les desserts et boissons ainsi que sur les accompagnements, des idées pour créer de véritables festins végétariens exhalant les merveilleuses saveurs de l'Inde. Toutes les recettes de ce chapitre peuvent être servies en plat principal.

À gauche *En Inde, l'ombre est la meilleure alliée des marchands à l'étal, dépourvus de moyens de réfrigération.*

Au verso *Une équipe de plusieurs hommes est nécessaire pour remonter ces imposants bateaux de pêche sur la plage.*

82 sambhar
sambhar

Ce curry de lentilles léger, originaire de l'État
du Tamil Nadu et semblable à une soupe, est
probablement le plat le plus typique du sud de l'Inde.
Dans cette région à la forte population végétarienne,
chacun consomme forcément, à un moment ou à
un autre de la journée, une version de cette recette
incontournable, servie quotidiennement et souvent
dès le petit déjeuner ; elle s'accompagne alors d'idli,
gâteaux de riz vapeur, ou de chapati (voir p. 236).

POUR 4 À 6 PERSONNES

250 g de lentilles rouges cassées (« masoor dal ») rincées

175 g de pommes de terre nouvelles nettoyées
  et coupées en petits dés

1 grosse carotte coupée en petits dés

1 poivron vert épépiné et haché finement

1 litre d'eau

¼ cuill. à café de curcuma en poudre

¼ cuill. à café d'ase fétide en poudre

1 cuill. à soupe de pâte de tamarin ou de chutney
  de tamarin (voir p. 249)

sel

pour le sambhar masala*

3 piments rouges séchés équeutés

2 cuill. à soupe de graines de coriandre

2 cuill. à café de graines de cumin

2 cuill. à café de graines de moutarde noires

1 cuill. à café de graines de fenugrec

1 cuill. à café de grains de poivre noir

3 clous de girofle

¼ cuill. à café de curcuma en poudre

½ cuill. à café d'ase fétide en poudre

1½ cuill. à café d'huile d'arachide ou de toute huile végétale

1½ cuill. à soupe de lentilles jaunes cassées (« chana dal »)

1½ cuill. à soupe de lentilles noires cassées
  (« urad dal chilke »)

1 cuill. à soupe de noix de coco déshydratée

pour la garniture

1½ cuill. à soupe d'huile d'arachide
  ou de toute huile végétale

12 feuilles de curry fraîches ou 1 cuill. à soupe
  de feuilles sèches

2 piments rouges séchés

1 cuill. à soupe de graines de moutarde noires

1 Laissez les lentilles rouges tremper 30 min
dans l'eau, en changeant le liquide une fois.

2 Préparez le sambhar masala : faites chauffer un
kodai, un wok ou une grande poêle sur feu moyen,
et faites griller à sec les piments, les graines de
coriandre, de cumin, de moutarde et de fenugrec, les
grains de poivre noir et les clous de girofle, sans cesser
de tourner, jusqu'à ce que les graines de moutarde
commencent à crépiter (elles doivent s'assombrir mais
surtout ne pas brûler) et que les arômes des épices
se libèrent. Incorporez le curcuma et l'ase fétide, puis
transférez immédiatement le tout dans un saladier.

3 Remettez la poêle sur le feu et versez l'huile. Quand
elle est chaude, faites revenir 1 min les lentilles
jaunes et noires avec la noix de coco, jusqu'à ce qu'elles
s'assombrissent. Retirez-les et mélangez-les aux épices.

4 Une fois le sambhar masala refroidi, réduisez-le en
poudre fine dans un moulin à épices ou un mortier.

5 Égouttez les lentilles. Mettez-les dans un *kodai*, un wok ou une poêle avec les pommes de terre, la carotte et le poivron, versez l'eau par-dessus, puis portez à ébullition en écumant. Réduisez ensuite le feu au minimum, ajoutez le curcuma et l'ase fétide, couvrez et laissez mijoter de 15 à 20 min en tournant régulièrement, jusqu'à cuisson des légumes et des lentilles (évitez toutefois que ces dernières se réduisent en purée).

6 Incorporez la pâte de tamarin et 2 cuill. à café de sambhar masala. Goûtez et, selon votre goût, ajoutez sel et masala. Poursuivez la cuisson à feu doux.

7 Pour la garniture, faites chauffer l'huile dans une poêle sur feu vif. Jetez-y les feuilles de curry, les piments et les graines de moutarde, brassez en évitant les projections. Transférez les lentilles sur un plat, puis nappez-les de l'huile et des épices chaudes.

* le truc du cuisinier

Contrairement au garam masala, principal assortiment d'épices d'Inde du Nord censé réchauffer le corps de l'intérieur, le sambhar masala se prépare avec des épices destinées à atténuer la chaleur du sud, en régulant la température corporelle grâce à la transpiration. Difficile à préparer en petites quantités, il se conserve dans une boîte hermétique jusqu'à 4 mois et s'utilise pour épaissir et parfumer les ragoûts de légumes et de lentilles. Si vous ne voulez pas le concocter vous-même, vous trouverez des sachets prêts à l'emploi dans les épiceries indiennes.

dosa masala
masala dosa

Dans ce plat végétarien aussi savoureux que nourrissant, et qui est probablement l'en-cas le plus prisé d'Inde du Sud, les dosa (voir p. 243), de fines crêpes croquantes et riches en ghee, sont enroulés autour d'une préparation épicée aux pommes de terre et au tamarin (preuve immédiate de ses origines sudistes). Difficilement associé au petit déjeuner par les Occidentaux, il est pourtant souvent servi en Inde dès le début de la journée. Si vous préparez vous-même les dosa, n'oubliez pas de faire tremper les lentilles et le riz la veille, et de préparer la pâte suffisamment à l'avance pour qu'elle puisse fermenter. Des sachets de dosa prêts à l'emploi sont en vente dans les épiceries indiennes, mais le résultat ne sera jamais aussi riche ni croustillant.

POUR 8 DOSA

3 cuill. à soupe d'huile de moutarde*

2 cuill. à café de graines de moutarde noire

12 feuilles de curry fraîches ou 1 cuill. à soupe
   de feuilles séchées

3 piments verts frais égrenés et hachés

1½ gros oignon haché

½ cuill. à café de curcuma en poudre

750 g de pommes de terre nouvelles lavées et hachées

sel

450 ml d'eau

½ ou 1 cuill. à soupe de pâte de tamarin ou de chutney
   de tamarin (voir p. 249)

20 g de crème de coco solide râpée et dissoute
   dans 1 cuill. à soupe d'eau bouillante

coriandre fraîche hachée

8 dosa (voir p. 243) maintenus au chaud

assortiment de chutneys pour servir

1 Dans une grande poêle ou une cocotte à couvercle, faites chauffer l'huile de moutarde sur feu vif jusqu'à ce qu'elle commence à fumer. Éteignez le feu et laissez refroidir complètement.

2 Réchauffez-la ensuite sur feu moyen et faites frire les graines de moutarde sans cesse de tourner. Lorsqu'elles commencent à éclater, incorporez les feuilles de curry, les piments et l'oignon, puis faites-les revenir de 5 à 8 min, en brassant régulièrement (méfiez-vous : l'oignon doit dorer, mais surtout pas brunir).

3 Ajoutez le curcuma, suivi des pommes de terre avec une pincée de sel. Versez l'eau et portez à ébullition. Réduisez ensuite le feu au minimum et laissez mijoter à couvert de 12 à 15 min, jusqu'à ce que les pommes de terre soient cuites (au point d'être pratiquement réduites en purée) et que l'eau soit presque évaporée. Incorporez la pâte de tamarin et la noix de coco. Salez si nécessaire, puis parsemez de coriandre.

4 D'un côté, le dosa est d'un brun lisse et doré, de l'autre, marbré. Disposez un huitième de la préparation sur le côté marbré et enroulez la galette autour. Renouvelez l'opération avec les ingrédients restants. Servez chaud ou à température ambiante avec un assortiment de chutneys.

* le truc du cuisinier

Il est possible de remplacer l'huile de moutarde par une l'huile d'arachide ou toute autre huile végétale. Dans ce cas, l'étape n° 1 devient inutile.

86 raïta aux tomates chaudes
tamattar ka raita

Ce curry coloré et aromatisé, semblable à un raïta chaud, est particulièrement savoureux avec un simple riz basmati. Composé de nombreuses épices qui indiquent sa probable origine (la région de Madras), il sera plus ou moins épicé selon que vous égrènerez ou non les piments verts, leur feu augmentant avec le nombre de leurs graines.

POUR 4 À 6 PERSONNES

2 cuill. à soupe d'huile d'arachide ou de toute huile
   végétale

1 cuill. à café de graines de moutarde

200 g d'échalotes tranchées finement

1 cuillerée à soupe de pâte à l'ail
   et au gingembre (voir p. 26)

12 feuilles de curry fraîches ou 1 cuill. à soupe
   de feuilles séchées

2 piments rouges séchés

2 piments verts frais égrenés ou non, hachés

½ cuill. à café de coriandre en poudre

½ cuill. à café de curcuma en poudre

8 grosses tomates mûres et fermes (environ 600 g)
   hachées

1½ cuill. à soupe de purée de tomates

300 ml de yaourt nature*

sel

menthe fraîche hachée, plus quelques brins
   pour la garniture

1 Faites chauffer l'huile dans un *kodai*, un wok ou une grande poêle sur feu moyen, puis faites frire les graines de moutarde, sans cesser de tourner, jusqu'à ce qu'elles commencent à éclater.

2 Poursuivez la cuisson environ 5 min avec les échalotes, la pâte à l'ail et au gingembre, en continuant de brasser le temps de bien faire dorer les échalotes.

3 Incorporez les feuilles de curry, les piments séchés, le piment vert frais, la coriandre et le curcuma. Réduisez le feu et tournez 30 s.

4 Ajoutez les tomates et la purée de tomates. Laissez mijoter environ 5 min en mélangeant délicatement, pour ramollir et réchauffer les tomates sans les briser complètement.

5 Retirez la poêle du feu et ajoutez progressivement le yaourt dans cette préparation en battant à chaque fois. Goûtez. Salez si nécessaire, puis laissez reposer de 2 à 3 min à couvert. Pour servir, mélangez délicatement le tout et décorez de menthe fraîche.

* le truc du cuisinier
Goûtez différentes marques de yaourt nature : vous découvrirez qu'ils varient en aigreur. Si vous trouvez ce plat trop âcre, incorporez du sucre indien jaggery, ou du sucre brun.

chou balti épicé
bhuni pattagobhi

*Un plat sauté rapide, issu de la tradition culinaire
du Baltistan.*

POUR 4 PERSONNES

2 cuill. à soupe d'huile d'arachide ou de toute huile végétale

½ cuill. à soupe de graines de cumin

2 grosses gousses d'ail écrasées

1 gros oignon tranché finement

600 g de chou vert tranché en fines lanières

150 ml de sauce baltie (voir p. 155)

¼ cuill. à café de garam masala (voir p. 251)

sel

coriandre fraîche ciselée pour garnir

1 Faites chauffer l'huile dans un *kodai*, un wok ou
une poêle sur feu moyen et faites revenir les graines
de cumin de 1 à 2 min, jusqu'à ce qu'elles brunissent.

2 Ajoutez aussitôt l'ail et l'oignon et poursuivez
la cuisson de 5 à 8 min en continuant de brasser.

3 Lorsqu'ils sont dorés, incorporez le chou*. Mélangez
2 min, jusqu'à ce qu'il se flétrisse, puis nappez
le tout de sauce baltie. Portez à ébullition en tournant.
Réduisez ensuite le feu et laissez encore cuire à petits
frémissements de 3 à 5 min (le chou doit être tendre).

4 Relevez de garam masala, salez et servez garni
de coriandre fraîche ciselée.

* *le truc du cuisinier*
Pour transformer cette recette légère en un plat plus
substantiel, ajoutez 400 g de pois chiches en boîte,
égouttés et rincés, avec le chou, à l'étape n° 3.

potiron épicé à la noix de coco
kaddu aur nariyal ki sabzi

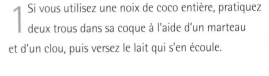

POUR 4 À 6 PERSONNES

½ noix de coco fraîche, environ 125 g de chair*

1 piment vert frais égrené et haché

1½ cuill. à café de sucre

1 cuill. à café de coriandre en poudre

¾ cuill. à café de cumin en poudre

¼ cuill. à café de piment en poudre

2 feuilles de laurier

30 g de ghee (voir p. 253) ou 2 cuill. à soupe d'huile
   d'arachide ou de toute huile végétale

600 g de potiron pelé, épépiné et grossièrement râpé

1 cuill. à café de garam masala (voir p. 251)

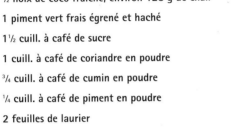

1 Si vous utilisez une noix de coco entière, pratiquez deux trous dans sa coque à l'aide d'un marteau et d'un clou, puis versez le lait qui s'en écoule.

2 Mesurez ce liquide (si nécessaire, complétez avec de l'eau pour parvenir à 250 ml). Ajoutez le piment, le sucre, la coriandre, le cumin, le piment en poudre et les feuilles de laurier, puis réservez.

3 À l'aide du marteau, brisez la noix de coco en deux, pelez-en la moitié et râpez grossièrement sa chair ou passez-la au mixeur (conservez l'autre moitié et utilisez-la dans une autre recette, comme le sambal à la noix de coco — voir p. 247).

4 Faites fondre le ghee dans un *kodai,* un wok ou une grande poêle sur feu moyen et faites revenir le potiron 1 min en tournant. Incorporez la noix de coco râpée, continuez de brasser jusqu'à ce que la préparation commence à brunir.

5 À cet instant, ajoutez le lait de coco et augmentez le feu. Lorsqu'il reste l'équivalent de 4 cuill. à soupe de liquide, saupoudrez de garam masala, puis poursuivez la cuisson jusqu'à ce que le liquide soit totalement évaporé.

* le truc du cuisinier

Avant d'acheter une noix de coco, secouez-la. Si elle est fraîche, vous devez entendre le lait remuer à l'intérieur. Si vous ne trouvez pas de noix de coco fraîche, utilisez 125 g de noix de coco déshydratée, et faites-la frire avec le potiron dans un mélange de 125 g de crème de coco dissoute dans 250 ml d'eau bouillante.

Les parsis ne sont pas les seuls à consommer ce petit déjeuner épicé, populaire à travers toute l'Inde du Sud, et qui peut constituer une collation ou même un déjeuner, s'il est servi sur du pain frit.

œufs brouillés parsis
akoori

POUR 4 À 6 PERSONNES

de 6 à 8 œufs

4 cuill. à soupe de crème fraîche liquide ou de lait

1 pincée de curcuma en poudre

sel et poivre

30 g de ghee (voir p. 253) ou 2 cuill. à soupe d'huile d'arachide ou de toute huile végétale

6 oignons blancs hachés finement

2 piments verts frais égrenés et hachés

1 cm de racine de gingembre frais haché très finement

2 tomates épépinées et hachées finement

4 cuill. à soupe de coriandre fraîche hachée finement

paratha (voir p. 239) pour servir

1 Dans un petit bol, battez légèrement les œufs, puis incorporez la crème, le curcuma, le sel et le poivre.

2 Faites fondre le ghee dans un *kodai*, un wok ou une grande poêle sur feu moyen. Ajoutez les oignons blancs, les piments et le gingembre, et brassez de 2 à 3 min, jusqu'à ce que l'oignon dore légèrement.

3 Poursuivez la cuisson environ 30 s avec les tomates. Incorporez la préparation aux œufs, la moitié de la coriandre, et brassez jusqu'à ce que les œufs commencent à prendre et deviennent crémeux. Goûtez et rectifiez l'assaisonnement selon votre goût. Garnissez de coriandre et servez avec des paratha.

-fleur aux aubergines et aux haricots verts

saoz... ka korma

Doux et parfumé, ce méli-mélo de légumes braisés reflète le parfum subtil de la cuisine des Moghols. À base de crème riche et veloutée, la sauce relevée ne contient pas de piments, ce qui rend ce plat idéal pour les amateurs de saveurs douces.

POUR 4 À 6 PERSONNES

85 g de noix de cajou

1½ cuill. à soupe de pâte à l'ail et au gingembre (voir p. 26)

200 ml d'eau

55 g de ghee (voir p. 253) ou 4 cuill. à soupe d'huile d'arachide ou de toute huile végétale

1 gros oignon haché

5 gousses de cardamome verte légèrement écrasées*

1 bâton de cannelle coupé en deux

¼ cuill. à café de curcuma en poudre

250 ml de crème fraîche

140 g de pommes de terre nouvelles nettoyées et coupées en dés de 1 cm

140 g de chou-fleur en morceaux

½ cuill. à café de garam masala (voir p. 251)

140 g d'aubergine coupée en morceaux

140 g de haricots verts coupés en tronçons de 1 cm

sel et poivre

menthe ou coriandre fraîche ciselée pour garnir

1 Sur feu vif, faites chauffer une grande cocotte ou une poêle à couvercle. Faites revenir les noix de cajou à sec, en tournant rapidement, et retirez-les dès qu'elles commencent à dorer.

2 Dans un moulin à épices, broyez-les avec la pâte à l'ail et au gingembre et 1 cuill. à soupe d'eau, jusqu'à obtention d'une pâte grossière.

3 Sur feu moyen, faites fondre la moitié du ghee dans la cocotte, puis faites revenir l'oignon de 5 à 8 min (il doit blondir).

4 Ajoutez la pâte aux noix de cajou, brassez 5 min supplémentaires. Incorporez les gousses de cardamome, ainsi que le bâton de cannelle et le curcuma.

5 Versez la crème et l'eau restante. Portez à ébullition en tournant, puis réduisez le feu au minimum et laissez mijoter 5 min à couvert.

6 Poursuivez la cuisson 5 min avec les pommes de terre, le chou-fleur et le garam masala, ajoutez l'aubergine et les haricots verts (comptez encore 5 min pour que tous les légumes cuisent). Surveillez la sauce : si elle attache, allongez-la avec un peu d'eau.

7 Goûtez, rectifiez l'assaisonnement selon votre goût, puis garnissez de menthe ou de coriandre, et servez.

* le truc du cuisinier
Lorsque vous servirez ce plat, n'oubliez pas de signaler à vos invités la présence des gousses de cardamome : croquées, celles-ci ont en effet un goût amer.

pois chiches aux tomates épicées

chhole tamattar

Au Pendjab, les pois chiches se consomment à longueur d'année et sont souvent inclus dans les repas de fête sikhs. Préparés comme ici en salade, ils peuvent être servis soit en entrée, soit en plat principal, lors d'un repas végétarien ; ils sont alors accompagnés d'un assortiment de pains et de raïta.

POUR 4 À 6 PERSONNES

6 cuill. à soupe d'huile d'arachide ou de toute huile végétale

2 cuill. à café de graines de cumin

3 gros oignons hachés finement

2 cuill. à café de pâte à l'ail et au gingembre (voir p. 26)

2 petits piments verts frais égrenés et tranchés finement

1½ cuill. à café de poudre de mangue

1½ cuill. à café de garam masala (voir p. 251)

¾ cuill. à café d'ase fétide en poudre

½ cuill. à café de curcuma en poudre

de ¼ à 1 cuill. à café de piment en poudre

3 grosses tomates fermes (environ 450 g) râpées*

800 g de pois chiches en boîte, rincés et égouttés

6 cuill. à soupe d'eau

300 g de feuilles d'épinard frais rincées

½ cuill. à café de sel

1 Faites chauffer l'huile dans un *kodai,* un wok ou une poêle sur feu moyen, et faites revenir les graines de cumin 30 s en tournant, jusqu'à ce qu'elles dorent et crépitent (surveillez-les car elles brûlent vite).

2 Ajoutez aussitôt les oignons, la pâte à l'ail et au gingembre, les piments et poursuivez la cuisson de 5 à 8 min en brassant régulièrement, le temps que les oignons dorent.

3 Incorporez la poudre de mangue, le garam masala, l'ase fétide, le curcuma et le piment en poudre, puis les tomates, et tournez jusqu'à obtention d'une sauce homogène et légèrement brune.

4 Portez à ébullition avec les pois chiches et l'eau, puis réduisez le feu au minimum, et, à l'aide d'une cuillère en bois ou d'un presse-purée, écrasez environ un quart des pois (laissez les autres entiers).

5 Ajoutez les feuilles d'épinard perlées d'eau et tournez jusqu'à ce qu'elles se flétrissent. Lorsqu'elles sont cuites, salez, goûtez et rectifiez l'assaisonnement selon votre goût.

* le truc du cuisinier

Râper les tomates est une technique ingénieuse qui permet d'éliminer les parties dures de leur peau sans avoir à les peler. Pour cela, il suffit de frotter la tomate de haut en bas et fermement sur la face «grossière» d'une râpe, au-dessus d'un saladier. La pulpe tombe dans le saladier et ne restent plus dans votre main que la peau et la plus grosse partie du cœur.

aubergines farcies
bharwan baingan tamattari

Originaire du Maharashtra, cette technique permet de cuire de petites aubergines tranchées mais entières, farcies de fines couches de préparation épicée. Tout le travail minutieux pouvant s'effectuer à l'avance, ce plat est idéal pour recevoir.

POUR 4 AUBERGINES

4 petites aubergines, d'environ 13 cm de long

ghee (voir p. 253), huile d'arachide ou toute huile
**   végétale**

pour la farce

4 grosses tomates fermes râpées

2 oignons râpés

2 piments rouges frais, égrenés ou non, hachés

4 cuill. à soupe de jus de citron

4 cuill. à soupe de coriandre fraîche hachée finement

1 cuill. à soupe de pâte à l'ail et au gingembre (voir p. 26)

1½ cuill. à soupe de coriandre en poudre

2 cuill. à café de cumin en poudre

1 cuill. à café de graines de fenouil

1 cuill. à café de curcuma en poudre

1 cuill. à café de sel

farine de pois chiche (facultatif)

1 Préparez la farce : dans un saladier non métallique, mélangez les tomates, l'oignon, les piments, le jus de citron, la coriandre fraîche, la pâte à l'ail et au gingembre, la coriandre et le cumin en poudre, les graines de fenouil, le curcuma et le sel (attention, la farce ne doit pas être trop ferme, mais suffisamment

Au verso Les somptueux bâtiments ocres de la cité du désert de Jaipur, au Rajasthan.

épaisse pour ne pas couler entre les tranches d'aubergine : si elle est trop liquide, en raison de tomates très juteuses, incorporez progressivement 1 cuill. à soupe de farine de pois chiche).

2 Travaillez une aubergine à la fois : découpez parallèlement quatre tranches dans le sens de la longueur, sans toucher au pédoncule. Écartez légèrement ces tranches de façon à constituer un éventail, puis, avec vos doigts ou à l'aide d'une petite cuillère, garnissez-les entièrement d'une fine couche de farce. Remettez-les en place pour donner l'impression d'une aubergine entière. Opérez de même avec les aubergines restantes*.

3 Dans une cocotte ou une poêle à fond épais et à couvercle, assez large pour y déposer les quatre aubergines côte à côte, faites fondre suffisamment de beurre de façon à obtenir une couche de graisse d'environ 5 mm, puis disposez-y les aubergines.

4 Couvrez hermétiquement et laissez cuire 15 min à feu très doux. Retournez ensuite délicatement les aubergines, couvrez à nouveau et poursuivez la cuisson de 10 à 15 min (elles doivent être parfaitement cuites lorsque vous les piquez de la pointe d'un couteau ou d'une pique à cocktail). Surveillez régulièrement la cuisson : si elles commencent à attacher, ajoutez quelques cuillerées à soupe d'eau. Servez ces aubergines chaudes ou à température ambiante.

* le truc du cuisinier

Ce plat simple est particulièrement séduisant lorsque les aubergines sont disposées en éventail sur des assiettes individuelles. Pour un buffet ou une soirée, vous pouvez également les découper verticalement, en tranches de 1 cm. Elles ressemblent alors à une terrine de légumes (qui aura nécessité infiniment moins de travail qu'une vraie terrine).

paneer aux épinards
saag paneer

Lorsqu'ils quittèrent l'Inde, après la partition, les cuisiniers pendjabis emportèrent avec eux cette recette aujourd'hui devenue l'un des grands classiques des restaurants indiens à travers le monde. En Inde, pour des millions d'hindouistes végétariens du nord, elle demeure une source importante et régulière de protéines. Saag est un mot hindi qui signifie «légumes verts»; souvent préparé avec des épinards à l'étranger, ce plat peut en Inde être composé de feuilles de moutarde, de betterave ou de tout autre légume disponible.

POUR 4 PERSONNES

85 g de ghee (voir p. 253) ou 6 cuill. à soupe d'huile
 d'arachide ou de toute huile végétale

350 g de paneer (voir p. 252) coupé en dés de 1 cm

1½ cuill. à soupe de pâte à l'ail
 et au gingembre (voir p. 26)

1 piment vert frais, égrené ou non, haché

4 cuill. à soupe d'eau

1 oignon haché finement

600 g de feuilles d'épinard frais rincées,
 sans leurs tiges dures

¼ cuill. à café de sel

¼ cuill. à café de garam masala (voir p. 251)

4 cuill. à soupe de crème double

quartiers de citron pour servir

1 Faites fondre le ghee sur feu moyen dans une cocotte ou une grande poêle à couvercle. Disposez-y autant de dés de paneer que possible en une seule couche (en veillant à ne pas surcharger la cocotte) et faites-les frire environ 5 min, jusqu'à ce qu'ils soient parfaitement rissolés. Retirez-les à l'aide d'une écumoire, égouttez-les sur du papier absorbant, puis renouvelez l'opération avec le fromage restant, en ajoutant du ghee si nécessaire.

2 Dans un moulin à épices ou un mortier, broyez la pâte à l'ail et au gingembre avec le piment jusqu'à obtention d'une pâte épaisse. Ajoutez l'eau et mélangez de nouveau.

3 Réchauffez la cocotte avec le ghee et faites revenir l'oignon avec la pâte à l'ail et au gingembre, en tournant fréquemment pendant 5 à 8 min, le temps que l'oignon dore sans noircir.

4 Ajoutez les feuilles d'épinard perlées d'eau, salez et brassez. Lorsqu'elles se flétrissent, réduisez à feu doux et poursuivez la cuisson à couvert.

5 Incorporez le garam masala et la crème, remettez délicatement le paneer dans la cocotte*, puis réchauffez-le à feu doux en tournant tout doucement. Goûtez et rectifiez l'assaisonnement selon votre goût. Pour servir, accompagnez ce plat de quartiers de citron.

* le truc du cuisinier
Pour une version différente, incorporez 1 ou 2 tomates épépinées et hachées avec le paneer, à l'étape n° 5.

er matar
mattar paneer

*Dans cet autre classique des restaurants indiens,
créé par les cuisiniers pendjabis, la saveur sucrée
des petits pois contraste avec la richesse du paneer.*

POUR 4 PERSONNES

85 g de ghee (voir p. 253) ou 6 cuill. à soupe d'huile
    d'arachide ou de toute huile végétale

350 g de paneer (voir p. 252) coupé en dés de 1 cm*

2 grosses gousses d'ail hachées

1 gros oignon tranché finement

1 cm de racine de gingembre frais haché finement

1 cuill. à café de curcuma en poudre

1 cuill. à café de garam masala (voir p. 251)

¼ ou ½ cuill. à café de piment en poudre

350 g de petits pois surgelés ou 600 g de petits pois
    frais écossés

1 feuille de laurier fraîche

½ cuill. à café de sel

125 ml d'eau

coriandre fraîche ciselée pour garnir

1 Sur feu moyen, faites fondre le ghee dans une cocotte ou une grande poêle à couvercle. Disposez-y autant de dés de paneer que possible en une seule couche (en veillant à ne pas surcharger la cocotte) et faites-les revenir environ 5 min, jusqu'à ce qu'ils soient parfaitement rissolés. Retirez-les à l'aide d'une écumoire, égouttez-les sur du papier absorbant, puis renouvelez l'opération avec le fromage restant, en ajoutant du ghee si nécessaire.

2 Réchauffez la cocotte avec le ghee et faites blondir l'ail et l'oignon de 5 à 8 min avec le gingembre, en tournant régulièrement, jusqu'à ce que l'oignon dore sans noircir.

3 Poursuivez la cuisson 2 min avec le curcuma, le garam masala et le piment en poudre.

4 Incorporez ensuite les petits pois, la feuille de laurier et le sel. Tournez, ajoutez l'eau, puis portez à ébullition et réduisez le feu au minimum. Laissez mijoter 10 min à couvert, jusqu'à ce que les petits pois soient cuits.

5 Remettez délicatement le paneer dans la cocotte et faites-le réchauffer à petit feu en brassant tout doucement. Goûtez, rectifiez l'assaisonnement selon votre goût, puis servez garni de coriandre.

* le truc du cuisinier

Si vous préparez vous-même le paneer, remplacez l'eau
à l'étape n° 4 par 100 ml du petit lait obtenu.

*Si de nombreuses Indiennes apprécient
la mode occidentale, la plupart continuent
de porter le sari traditionnel.*

aloo gobi
aloo gobi

Les versions de ce plat très populaire en Inde du Nord, idéal pour accompagner toutes les recettes tandoori, sont probablement aussi nombreuses que les cuisiniers.

POUR 4 À 6 PERSONNES

55 g de ghee (voir p. 253) ou 4 cuill. à soupe d'huile
  d'arachide ou de toute huile végétale

½ cuill. à soupe de graines de cumin

1 oignon haché

4 cm de racine de gingembre frais haché finement

1 piment vert frais égrené et tranché finement

450 g de chou-fleur en petits morceaux

450 g de grosses pommes de terre fermes,
  pelées et coupées en gros morceaux

½ cuill. à café de coriandre en poudre

½ cuill. à café de garam masala (voir p. 251)

¼ cuill. à café de sel

brins de coriandre fraîche pour garnir

1 Sur feu moyen, faites fondre le ghee dans une cocotte ou une grande poêle à couvercle. Ajoutez les graines de cumin et faites-les revenir environ 30 s en tournant, jusqu'à ce qu'elles crépitent et commencent à brunir.

2 Ajoutez immédiatement l'oignon, le gingembre et le piment. Brassez de 5 à 8 min, le temps de blondir l'oignon.

3 Incorporez le chou-fleur et les pommes de terre, puis la coriandre et le garam masala*. Salez. Poursuivez la cuisson environ 30 s en tournant.

4 Couvrez la poêle, réduisez le feu au minimum et laissez mijoter de 20 à 30 min en continuant de brasser régulièrement. Les légumes doivent être parfaitement cuits lorsque vous les piquez de la pointe d'un couteau. S'ils commencent à attacher, ajoutez un peu d'eau.

5 Goûtez et rectifiez l'assaisonnement selon votre goût, puis servez, parsemé de coriandre.

* le truc du cuisinier

Pour donner à ce plat une séduisante couleur ambrée, ajoutez ¼ cuill. à café de curcuma en poudre avec les autres épices à l'étape n° 3.

En Inde, la population de plus des trois quarts des villages n'excède pas un millier d'habitants.

...mes de terre Madras
madrasi aloo

*Pommes de terre Madras, pommes de terre Bombay...
des recettes semblables à celle-ci apparaissent sur
la plupart des menus des restaurants indiens sous
des noms différents. S'il est ici préférable d'utiliser
des pommes de terre à chair ferme, mieux adaptées
à la friture, vous pouvez parfaitement les remplacer,
selon votre goût, par des pommes de terre plus
farineuses.*

POUR 4 À 6 PERSONNES

900 g de pommes de terre nouvelles, nettoyées
   et coupées en deux ou en quatre

sel

40 g de ghee (voir p. 253) ou 3 cuill. à soupe d'huile
   d'arachide ou de toute huile végétale

2 cuill. à café de graines de moutarde noires

1 oignon tranché

4 gousses d'ail hachées très finement

2,5 cm de racine de gingembre frais haché très finement

1 piment rouge frais, égrené ou non, haché finement

1 cuill. à café de cumin en poudre

½ cuill. à café de coriandre en poudre

coriandre fraîche ciselée pour garnir

quartiers de citron pour servir

1 Plongez les pommes de terre dans une grande
cocotte d'eau salée et portez à ébullition sur feu vif.
Faites-les bouillir de 5 à 8 min, jusqu'à ce qu'elles soient
parfaitement cuites (vérifiez en les piquant de la pointe
d'un couteau). Égouttez-les et laissez-les refroidir.

2 Sur feu moyen, faites fondre le ghee dans un
kodai, un wok ou une grande poêle, puis faites frire
les graines de moutarde 1 min en tournant, jusqu'à ce
qu'elles commencent à crépiter.

3 Incorporez l'oignon, brassez régulièrement, et, après
5 min, ajoutez l'ail, le gingembre et le piment.

4 Une fois l'oignon blondi, poursuivez avec le cumin
et la coriandre en tournant afin de bien les
mélanger.

5 Remettez les pommes de terre, le temps de
les réchauffer et de les napper d'épices. Salez
si nécessaire, puis parsemez de coriandre et servez
accompagné de quartiers de citron*.

* le truc du cuisinier
Servies à température ambiante, ces pommes de terre
constituent un parfait chaat, ou en-cas, à déguster avec
une bière glacée ou un lassi salé (voir p. 212). Présentez-
les avec des piques à cocktail.

106

bhaji à l'okra
bhindi ki sabzi

L'okra, également appelé gombo ou bhindi en Inde, est l'un de ces ingrédients que l'on adore ou déteste : en effet, ses gousses coupées sont cuites dans un liquide qui lui confère une texture légèrement gluante. Originaire d'Inde du Nord, cette méthode rapide pour frire ses gousses vertes et croustillantes permet toutefois d'éliminer cet inconvénient.

POUR 4 PERSONNES

40 g de ghee (voir p. 253) ou 3 cuill. à soupe d'huile d'arachide ou de toute huile végétale

1 oignon tranché finement

500 g d'okra sans le pédoncule

1 ou 2 piments verts frais, égrenés ou non, tranchés

2 cuill. à café de cumin en poudre

sel et poivre

¼ cuill. à café de garam masala (voir p. 251)

quartiers de citron pour servir

1 Faites fondre le ghee dans un *kodai*, un wok ou une grande poêle sur feu moyen, puis faites blondir l'oignon 2 min, en tournant fréquemment.

2 Ajoutez l'okra, les piments verts et le cumin. Salez, poivrez, et poursuivez la cuisson 5 min sans cesser de mélanger.

3 Saupoudrez de garam masala, tournez 2 min supplémentaires, le temps que l'okra cuise tout en restant croquant*. Servez avec des quartiers de citron.

* le truc du cuisinier

Pour une autre version, vous pouvez ajouter 2 tomates épépinées et hachées, avec l'okra et le piment, ou retirer la poêle du feu dès que l'okra commence à cuire, puis incorporer doucement 250 ml de yaourt nature, par petites quantités, sans cesser de battre.

champignons au yaourt pimenté

mushroom dahiwale

Un autre classique des restaurants indiens, simple et rapide à préparer, qui devrait vous donner à réfléchir si vous trouvez habituellement les champignons fades et dénués d'intérêt. À défaut des champignons portobello suggérés, vous pouvez utiliser des champignons de Paris.

POUR 4 À 6 PERSONNES

55 g de ghee (voir p. 253) ou 4 cuill. à soupe d'huile
  d'arachide ou de toute huile végétale

2 gros oignons hachés

4 grosses gousses d'ail écrasées

400 g de tomates en boîte hachées

1 cuill. à café de curcuma en poudre

1 cuill. à café de garam masala (voir p. 251)

½ cuill. à café de piment en poudre

750 g de champignons portobello
  en tranches épaisses

1 pincée de sucre

sel

125 ml de yaourt nature

coriandre fraîche ciselée pour garnir

1 Faites fondre le ghee dans un *kodai*, un wok ou une grande poêle sur feu moyen, et faites dorer les oignons de 5 à 8 min, en tournant fréquemment. Poursuivez 2 min avec l'ail.

2 Incorporez les tomates avec leur jus. Brassez, puis saupoudrez de curcuma, de garam masala et de piment en poudre.

3 Après 3 min, ajoutez les champignons, le sucre et le sel* et faites-les revenir environ 8 min, jusqu'à ce qu'ils dégorgent et cuisent.

4 Éteignez le feu. Incorporez le yaourt par petites quantités, en battant vigoureusement à chaque fois afin d'éviter qu'il ne caille. Goûtez et rectifiez l'assaisonnement selon votre goût, puis servez décoré de coriandre ciselée.

* le truc du cuisinier

Saler les champignons, à l'étape n° 3, permet de les faire dégorger et exalte le parfum des jus.

haricots verts aux graines de moutarde et à la noix de coco
frans bean raiwali

Voici la recette populaire des haricots verts en Inde du Sud. Légèrement épicée, elle accompagne à la perfection des plats de curry brûlants.

POUR 4 À 6 PERSONNES

40 g de ghee (voir p. 253) ou 3 cuill. à soupe d'huile
  d'arachide ou de toute huile végétale

1 cuill. à soupe de graines de moutarde

6 feuilles de curry fraîches ou ½ cuill. à soupe
  de feuilles séchées

1 oignon haché

½ cuill. à soupe de pâte à l'ail et au gingembre (voir p. 26)

1 pincée de curcuma en poudre

450 g de haricots verts épluchés
  et grossièrement hachés

55 g de crème de coco solide râpée

250 ml d'eau

sel et poivre

1 pincée de piment en poudre
  ou de paprika pour servir

1 Faites fondre le ghee dans un *kodai*, un wok ou une grande poêle sur feu vif, et faites revenir les graines de moutarde environ 1 min en tournant, jusqu'à ce qu'elles éclatent. Incorporez les feuilles de curry.

2 Ajoutez l'oignon, la pâte à l'ail et au gingembre* et le curcuma, brassez 5 min, et poursuivez la cuisson 2 min avec les haricots verts en mélangeant.

3 Saupoudrez de crème de coco. Versez l'eau et portez à ébullition. Brassez. Réduisez à feu doux, puis laissez mijoter 4 min, en tournant de temps en temps (les haricots doivent cuire tout en restant croquants). Goûtez, rectifiez l'assaisonnement selon votre goût et servez, légèrement parsemé de piment en poudre.

* le truc du cuisinier
Si vous aimez les plats de légumes plus épicés, ajoutez un piment vert frais haché avec la pâte à l'ail et au gingembre à l'étape n° 2.

Dans l'Inde rurale, les animaux constituent l'un des éléments majeurs de la force de travail.

110 lentilles aux épinards
palak daal

En Inde, les cuisiniers végétariens semblent n'être jamais à court d'idées pour réaliser au quotidien des plats rapides, délicieusement parfumés, où les lentilles et autres légumes secs sont associés à différents légumes. Ne nécessitant ni trempage ni cuisson prolongée, les lentilles jaunes cassées sont idéales pour ce type de recette.

POUR 4 PERSONNES

1 litre d'eau*

250 g de lentilles jaunes cassées (« chana dal ») rincées

1 cuill. à café de coriandre en poudre

1 cuill. à café de cumin en poudre

¼ cuill. à café d'ase fétide en poudre

½ cuill. à café de curcuma en poudre

250 g de feuilles d'épinard frais tranchées et rincées,
   sans leurs tiges dures

4 oignons blancs hachés

sel

pour la garniture

3 cuill. à soupe d'huile d'arachide
   ou de toute huile végétale

1 cuill. à café de graines de moutarde

2 piments verts frais tranchés dans le sens de la longueur

1 cm de racine de gingembre frais haché très finement

1 Dans une grande cocotte, portez l'eau et les lentilles à ébullition sur feu vif. Réduisez le feu au minimum en écumant la surface.

2 Une fois l'écume éliminée, incorporez la coriandre, le cumin, l'ase fétide et le curcuma en poudre. Couvrez à moitié et poursuivez la cuisson à petit feu environ 40 min. Les lentilles doivent alors être cuites et simplement recouvertes d'une fine couche de liquide.

3 Ajoutez les épinards et les oignons blancs. Faites cuire 5 min supplémentaires en tournant souvent, jusqu'à ce que les feuilles d'épinard réduisent et se flétrissent. Ajoutez de l'eau si celle-ci s'évapore avant la fin de la cuisson. Salez, puis transférez les lentilles sur un plat.

4 Préparez la garniture : dans une petite poêle, faites chauffer l'huile sur feu vif et faites revenir les graines de moutarde, les piments et le gingembre en tournant jusqu'à ce que les graines de moutarde commencent à éclater et les piments à grésiller. Juste avant de servir, nappez les lentilles de ces épices et de leur huile de cuisson.

* le truc du cuisinier

La quantité d'eau nécessaire dépend essentiellement de l'âge des lentilles, mais aussi de la taille de la cocotte. Plus elles sont «vieilles», plus elles cuisent lentement. Aucun moyen ne permettant de déterminer leur âge lors de l'achat, il est possible que vous soyez obligé d'augmenter la quantité d'eau requise et d'accroître le temps de cuisson à l'étape n° 2. Sachez aussi que plus la cocotte est grande, plus l'eau s'évapore rapidement.

dal noir
maah ki daal

L'utilisation de lentilles noires entières avec leur peau, plutôt que de lentilles cassées, donne à ce dal une texture sirupeuse. Très long à préparer, il est plus adapté aux restaurants et aux grandes occasions qu'à une consommation quotidienne.

POUR 4 À 6 PERSONNES

250 g de lentilles noires entières (« urad dal sabat »)

115 g de haricots rouges secs

4 gousses d'ail coupées en deux

4 gousses de cardamome noire
  légèrement écrasées

2 feuilles de laurier

1 bâton de cannelle

115 g de beurre

1½ cuill. à soupe de pâte à l'ail et au gingembre
  (voir p. 26)

2 cuill. à soupe de purée de tomates

½ cuill. à café de piment en poudre

1 pincée de sucre

sel

150 ml de crème fraîche

brins de coriandre fraîche pour garnir

1 Dans des saladiers séparés, faites tremper les lentilles et les haricots rouges dans l'eau pendant 3 h, ou de préférence toute la nuit.

2 Pendant ce temps, placez les gousses d'ail, les gousses de cardamome, les feuilles de laurier et le bâton de cannelle dans un sachet en mousseline.

3 Égouttez les lentilles et les haricots rouges séparément. Mettez les haricots dans un *kodai*, un wok ou une grande poêle avec deux fois leur volume d'eau. Portez à ébullition, faites-les bouillir 10 min, puis égouttez-les parfaitement.

4 Remettez les haricots rouges dans la cocotte, suivis des lentilles noires, et recouvrez le tout avec le double de leur volume en eau. Ajoutez le sachet d'épices, portez à ébullition sur feu vif, puis réduisez à feu doux et laissez mijoter* environ 3 h, partiellement couvert. en écumant la surface si nécessaire. Ramollis, les légumes secs doivent alors avoir l'aspect d'une pâte épaisse. Pendant la cuisson, écrasez-les toutes les 15 min sur le rebord de la cocotte à l'aide d'une cuillère en bois ou d'un presse-purée.

5 Lorsqu'ils sont presque cuits, retirez le sachet d'épices et laissez-le refroidir. Faites fondre le beurre dans une petite poêle, puis faites revenir 1 min la pâte à l'ail et au gingembre en tournant. Incorporez la purée de tomates, le piment en poudre, le sucre et le sel. Poursuivez la cuisson de 2 à 3 min à petit feu.

6 Une fois le sachet d'épices assez froid pour être manipulé, pressez tous ses jus parfumés dans les légumes. Incorporez le beurre et la préparation aux épices avec 2 cuill. à soupe de crème. Portez à ébullition, et laissez mijoter 10 min, en tournant régulièrement.

7 Transférez ce dal sur un plat. Pour servir, ajoutez la crème restante, mélangez bien, puis garnissez de coriandre ciselée.

* le truc du cuisinier
À l'étape n° 4, surveillez les légumes secs pendant leur cuisson et ajoutez de l'eau si celle-ci s'évapore avant qu'ils soient parfaitement cuits.

114 lentilles aigres-douces
khatti meethi daal

La recette bengalie des lentilles jaunes.

POUR 4 PERSONNES

250 g de lentilles jaunes cassées (« chana dal »)

1 litre d'eau

2 feuilles de laurier déchirées

3 piments frais incisés une fois, mais entiers

½ cuill. à café de curcuma en poudre

½ cuill. à café d'ase fétide en poudre

3 cuill. à soupe d'huile d'arachide ou de toute huile végétale

½ oignon haché finement

2 cm de racine de gingembre frais haché finement

30 g de crème de coco solide râpée

1 piment vert frais égrené ou non, haché

1½ cuill. à soupe de sucre

1½ cuill. à soupe de pâte de tamarin ou de chutney de tamarin (voir p. 249)

½ cuill. à café de garam masala (voir p. 251)

¼ cuill. à café de cumin en poudre

¼ cuill. à café de coriandre en poudre

sel*

pour garnir

15 g de ghee (voir p. 253) fondu ou 1 cuill. à soupe d'huile d'arachide ou de toute huile végétale

1 cuill. à café de garam masala (voir p. 251)

coriandre fraîche ciselée

1 Dans une grande cocotte à couvercle, portez les lentilles et l'eau à ébullition sur feu vif en écumant si nécessaire. Une fois l'écume éliminée, incorporez les feuilles de laurier, les piments, le curcuma et l'ase fétide, couvrez la cocotte à moitié et laissez mijoter environ 40 min, jusqu'à ce que les lentilles cuisent parfaitement (veillez à ce qu'elles ne se réduisent pas en purée) et que le liquide soit absorbé.

2 Lorsque les lentilles sont presque cuites, faites chauffer l'huile dans un *kodai,* un wok ou une grande poêle sur feu moyen et faites revenir l'oignon et le gingembre de 5 à 8 min en tournant.

3 Poursuivez la cuisson 1 min avec la crème de coco, le piment vert, le sucre, la pâte de tamarin, le garam masala, le cumin et la coriandre en poudre.

4 Ajoutez les lentilles, la feuille de laurier, les piments et le liquide restant à la préparation aux épices. Tournez afin de bien mélanger le tout. Goûtez, salez si nécessaire, puis, selon votre goût, ajoutez du sucre et du tamarin.

5 Transférez les lentilles sur un plat. Avant de servir, arrosez-les de ghee chaud et saupoudrez-les de garam masala et de coriandre.

* le truc du cuisinier

Lentilles et légumes secs ne doivent pas être salés avant cuisson complète. En effet, salés trop tôt, ils se déshydratent et deviennent indigestes.

kitchri
khichdee

Servie avec un raïta et un pain chaud, cette recette traditionnelle peut constituer un repas léger, mais elle est tout aussi délicieuse associée à d'autres plats végétariens. Les cuisiniers anglais de la domination s'en inspirèrent pour créer le kedgeree.

POUR 4 À 6 PERSONNES

225 g de riz basmati

30 g de ghee (voir p. 253) ou 2 cuill. à soupe d'huile
   d'arachide ou de toute huile végétale

1 gros oignon haché finement

250 g de lentilles rouges cassées
   («masoor dal») rincées*

2 cuill. à café de garam masala (voir p. 251)

1½ cuill. à café de sel

1 pincée d'ase fétide en poudre

850 ml d'eau

2 cuill. à soupe de coriandre fraîche hachée

pour servir
chapati (voir p. 236)
raïta (voir p. 244)

1 Rincez le riz basmati plusieurs fois jusqu'à ce que l'eau de rinçage soit claire. Laissez-le ensuite tremper 30 min, égouttez-le bien, puis réservez-le jusqu'à la cuisson.

2 Sur feu moyen, faites fondre le ghee dans une cocotte ou une grande poêle à couvercle, et faites blondir l'oignon de 5 à 8 min en tournant fréquemment (il doit dorer sans noircir).

3 Poursuivez la cuisson 2 min avec le riz, les lentilles, le garam masala, l'ase fétide et le sel. Ajoutez l'eau et portez à ébullition sans cesser de brasser.

4 Réduisez le feu au minimum. Couvrez de façon hermétique et laissez mijoter 20 min à couvert, jusqu'à ce que les grains cuisent et que le liquide s'évapore. Éteignez le feu et laissez reposer 5 min.

5 À l'aide de deux fourchettes, incorporez la coriandre, puis rectifiez l'assaisonnement selon votre goût et servez, accompagné de chapati et d'un raïta.

* le truc du cuisinier
Il est toujours utile de disposer d'une réserve de lentilles qui, contrairement aux autres légumes secs, ne nécessitent pas de longs trempages avant la cuisson. Vendues en sachet dans les supermarchés, elles sont prêtes à l'emploi ; vendues en vrac dans les épiceries asiatiques ou les boutiques de produits diététiques, elles doivent être triées et rincées. Si vous les laissez veillir, elles mettront plus de temps à cuire.

VIANDE
ET VOLAILLE

120 En Inde, la viande consommée, à l'exception de celle servie dans les hôtels, offre généralement une indication sur les convictions religieuses de l'hôte : ainsi, les hindous et les sikhs ne touchent pas au bœuf, les musulmans et les juifs, qui mangent kasher, s'interdisent le porc, et les chrétiens et les parsis n'obéissent à aucune restriction, si ce n'est celle du coût.

Sur fond de religions et de rites culinaires, la chèvre s'est imposée comme la viande rouge la plus populaire en Inde, les cuisiniers du Nord pouvant, selon le folklore indien, la préparer sous des formes différentes presque chaque jour de l'année. Dans cette région, seul le Cachemire fait exception, avec les moutons qui paissent dans ses montagnes et offrent une viande fondante.

Parallèlement à l'exportation de recettes traditionnelles vers les restaurants indiens du monde entier, l'agneau (choisi dans cet ouvrage) a peu à peu remplacé la chèvre. En Inde, le poulet, considéré comme une viande ordinaire dans de nombreux pays, est élevé la plupart du temps en liberté, et sa chair maigre est un mets de choix, surtout chez les hindous pendjabis, qui le servent lors des banquets de mariages et autres célébrations.

Dans les États du nord, le Rajasthan, le Pendjab et le Cachemire, la viande joue un rôle plus important que partout ailleurs en Inde, et les plats de ces régions sont les plus réputés à l'étranger : imprégnés de la tradition culinaire moghole qui prospère depuis l'invasion du XVIe siècle, les Pendjabis sont les premiers à avoir ouvert des restaurants hors des frontières.

La cuisine tandoori s'impose également comme l'un des héritages durables des dynasties mogholes.

La cuisine tandoori s'impose également comme l'un des héritages durables des dynasties mogholes. La cuisson des viandes, volailles, poissons, et, à un degré moindre, des légumes, dans le *tandoor* – four en argile chauffé au charbon originaire du nord-est de la Perse – est demeurée inchangée depuis des siècles. Les mets, tout d'abord mélangés à une marinade au yaourt, sont ensuite cuits à la chaleur sèche de ce four qui, montant de la base, se propage vers ses parois. Ce mode de cuisson est particulièrement adapté aux brochettes d'agneau et de poulet, et, s'il est impossible de recréer les parfums authentiques de la cuisine tandoori sans un véritable *tandoor*, les recettes proposées dans ce livre pour le poulet tandoori (voir p. 156) et le poulet tikka (voir p. 55) permettent de s'en rapprocher. De la même façon, les brochettes d'agneau à la coriandre (voir p. 133) peuvent se réaliser dans un four classique.

Les cuisiniers de la cour moghole apportèrent également avec eux des recettes opulentes aux sauces veloutées et aux saveurs épicées, gorgées de fruits frais et secs, de noix et d'amandes. La cuisine moghole atteignit son apogée avec les viandes et le riz biryani raffinés et somptueux des cuisines royales des Nizam, à Hyderabad. Si, en raison de sa longue préparation, l'agneau biryani (voir p. 126) est un plat de fête, rehaussé de safran mordoré évocateur de ses origines royales, ses arômes subtils et merveilleux, tout comme sa tendreté, méritent tous les efforts.

Parmi les autres plats de viandes et de volailles issus de la cuisine moghole figurent le poulet au beurre (voir p. 158) et le poulet kashmiri (voir p. 162) ; le chou-fleur aux aubergines et aux haricots verts (voir p. 90) est un plat végétarien à la fois riche et délicat, dans la plus parfaite tradition moghole.

Les parsis, qui fuirent la Perse il y a des siècles, consomment également de la viande, et l'héritage de leur pays d'origine se retrouve dans des plats opulents subtilement parfumés. Goûtez l'agneau dhansak (voir p. 138) pour sa sauce épaisse et veloutée, à base de lentilles et de potiron réduits en purée.

Originaire de la communauté chrétienne de Goa, le porc vindaloo (voir p. 148), brûlant et épicé, est la recette de porc la plus célèbre du pays. Ce plat piquant, relevé de piments frais, de vinaigre et d'ail, reflète les années de domination portugaise ; et si les vindaloo apparaissent souvent sur les menus des restaurants avec du bœuf et de l'agneau, sa recette authentique se réalise avec du porc.

Toutes les viandes, y compris le porc, figurent au répertoire des cuisiniers anglo-indiens, leur cuisine étant un hybride de la cuisine britannique peu relevée et des plats indiens traditionnels épicés, très proches de la cuisine indienne servie il y a une dizaine d'années dans les restaurants. Pour saisir la différence, goûtez le porc aux légumes anglo-indien, (voir p. 147) et le kheema matar (voir p. 151), deux plats familiaux à base de viande émincée, mais totalement distincts.

Les viandes et les volailles indiennes nécessitent souvent de longues cuissons (elles doivent être assez cuites pour être mangées avec les doigts), et ne sont pas désossées pour exalter le parfum des plats. Toutefois, les temps de cuisson ont ici été réduits, la viande étant destinée à être consommée avec des couverts, et cette dernière est désossée, pour des raisons de commodité de cuisson et de préparation.

Au verso En Inde du Sud, les cocotiers, l'huile, la chair et le lait de coco constituent une source alimentaire majeure.

126
agneau biryani
gosht biryani

Originaire des cours mogholes de Hyderabad, ce plat sophistiqué, qui associe le riz à l'agneau, demeure en Inde le mets non végétarien de choix pour les mariages et les célébrations.

POUR 6 À 8 PERSONNES

40 g de ghee (voir p. 253) ou 3 cuill. à soupe d'huile d'arachide ou de toute huile végétale

1 kg de gigot d'agneau désossé, dégraissé, séché et coupé en morceaux de 5 cm

sel et poivre

1¼ gros oignon haché finement (réservez les ¾ restants qui, tranchés finement, seront utilisés pour la garniture)

1½ cuill. à soupe de garam masala (voir p. 251)

½ cuill. à café de graines de cumin

1 bâton de cannelle coupé en deux

2,5 cm de racine de gingembre frais, haché finement

3 grosses gousses d'ail écrasées

½ cuill. à café de curcuma en poudre

½ cuill. à café de piment en poudre

700 ml de bouillon de volaille

30 g de feuilles de coriandre fraîche

500 g de riz basmati

6 cuill. à soupe de lait

1 cuill. à café de filaments de safran

150 ml de yaourt nature

pour garnir

1 cuill. à café de sel

4 cuill. à soupe d'huile d'arachide ou de toute huile végétale

100 g de raisins secs

100 g d'amandes blanchies

3 œufs durs coupés en deux dans le sens de la longueur

coriandre fraîche ciselée

1 Dans une cocotte allant au four, faites fondre 30 g du ghee sur feu moyen, puis faites rissoler les morceaux d'agneau assaisonnés. Transférez-les ensuite sur un plat et procédez en plusieurs fois si nécessaire.

2 Lavez la cocotte. Faites fondre le ghee restant sur feu moyen, puis faites revenir l'oignon haché de 5 à 8 min, en tournant fréquemment et en veillant à ce qu'il ne brunisse pas. Lorsqu'il est blond et translucide, poursuivez la cuisson 2 à 3 min avec le garam masala, les graines de cumin et la cannelle, jusqu'à ce que les arômes des épices se libèrent.

3 Remettez l'agneau et tous ses jus dans la cocotte. Incorporez le gingembre, l'ail, le curcuma et le piment en poudre, tournez 3 min, puis, quand le parfum des épices commence à se répandre, ajoutez le bouillon de volaille et la coriandre. Portez à ébullition, réduisez le feu au minimum et laissez mijoter 1½ h à couvert (à ce moment, l'agneau ne doit pas être totalement cuit).

4 Entre-temps, préparez le riz, le lait et la garniture. Rincez le riz dans l'eau froide jusqu'à ce que l'eau de rinçage soit claire, et laissez-le tremper 20 min.

5 Préparez le lait au safran : dans une petite casserole, faites chauffer le lait, émiettez le safran par-dessus dès qu'il commence à frémir, puis laissez macérer.

6 Pour réaliser la garniture d'oignon brun, placez les lamelles d'oignon réservées dans un bol, saupoudrez-les de sel et laissez-les dégorger 5 min. Pressez-les ensuite à la main pour les débarrasser de tout excès de liquide. Faites chauffer la moitié de l'huile dans une poêle sur feu vif, puis faites-les revenir de 4 à 6 min, sans cesser de tourner. Retirez-les dès qu'elles commencent à brunir (l'oignon continue en effet de s'assombrir en refroidissant, et, si on le fait trop cuire, il développe un goût de brûlé). Réservez ces lamelles*.

7 Nettoyez la poêle. Faites fondre l'huile restante et faites griller les raisins secs de 3 à 5 min en tournant. Retirez-les à l'aide d'une écumoire dès qu'ils sont bien dorés, puis faites griller les amandes pendant 2 ou 3 min dans la graisse restante, en les surveillant attentivement, car elles brûlent facilement.

8 Égouttez le riz. Portez une grande casserole d'eau à ébullition, et faites-le cuire 5 min (à ce stade, ses grains ne doivent pas être complètement cuits). Égouttez-le parfaitement et réservez-le.

9 Préchauffez le four à 190 °C/Th. 5. Retirez l'agneau du feu et incorporez le yaourt par petites quantités, en battant à chaque fois très rapidement pour éviter qu'il ne caille. Rectifiez l'assaisonnement selon votre goût.

10 Déposez un monticule de riz partiellement cuit sur l'agneau, puis, à l'aide d'une cuillère en bois, pratiquez un puits au centre en tournant jusqu'à obtention d'un diamètre de 2,5 cm. Versez doucement le lait au safran par-dessus, en rayons irradiant du centre.

11 Couvrez la cocotte. Faites cuire 40 min, puis sortez-la du four et laissez reposer 5 min sans soulever le couvercle.

12 Retirez le couvercle. Parsemez de raisins et d'amandes, ajoutez les lamelles d'oignon brun et les œufs durs, puis servez, garni de coriandre fraîche.

le truc du cuisinier

Un tel plat biryani nécessite une longue préparation, mais vous pouvez réaliser les étapes n° 1 à 6 la veille.

rogan josh
rogan josh

Originaire du Cachemire, ce plat riche et parfumé, rapidement adopté par les cuisiniers moghols, est demeuré depuis un classique en Inde du Nord. Un colorant naturel kashmiri, le rattanjog, lui apportait traditionnellement sa couleur rouge caractéristique, mais vous pouvez parfaitement le remplacer par du piment en poudre et de la purée de tomates, plus faciles à trouver et moins onéreux.

POUR 4 PERSONNES

350 ml de yaourt nature

½ cuill. à café d'ase fétide en poudre dissoute
   dans 2 cuill. à soupe d'eau

700 g de gigot d'agneau désossé, dégraissé
   et coupé en dés de 5 cm

2 tomates épépinées et hachées

1 oignon haché

30 g de ghee (voir p. 253) ou 2 cuill. à soupe d'huile
   d'arachide ou de toute huile végétale

1½ cuill. à soupe de pâte à l'ail et au gingembre
   (voir p. 26)

2 cuill. à soupe de purée de tomates

2 feuilles de laurier

1 cuill. à soupe de coriandre en poudre

de ¼ à 1 cuill. à café de piment en poudre,
   idéalement du kashmiri*

½ cuill. à café de curcuma en poudre

1 cuill. à café de sel

½ cuill. à café de garam masala (voir p. 251)

1 Dans un saladier, mélanger le yaourt et l'ase fétide dissoute. Incorporez l'agneau et brassez à la main afin de bien le napper de marinade. Réservez 30 min.

2 Pendant ce temps, passez les tomates et l'oignon au mixeur jusqu'à obtention d'un mélange parfaitement homogène. Faites fondre le ghee dans une cocotte ou une grande poêle à couvercle, puis faites revenir la pâte à l'ail et au gingembre en tournant, jusqu'à ce que le parfum de l'ail se répande.

3 Incorporez alors la préparation aux tomates avec la purée de tomates, les feuilles de laurier, la coriandre, le piment en poudre et le curcuma. Réduisez à feu doux et laissez mijoter de 5 à 8 min, en brassant de temps en temps.

4 Ajoutez l'agneau et le sel avec la marinade restante, poursuivez la cuisson 2 min en tournant, puis réduisez le feu et laissez cuire 30 min à couvert et à petits frémissements, en tournant régulièrement. Pour éviter que la viande n'attache, allongez la sauce avec un peu d'eau si elle vous semble trop sèche.

5 Saupoudrez l'agneau de garam masala, remettez le couvercle et faites mijoter sur feu doux de 15 à 20 min supplémentaires (l'agneau doit alors être cuit lorsque vous le piquez d'une fourchette). Rectifiez l'assaisonnement selon votre goût.

* le truc du cuisinier
Pour un plat au parfum authentique, essayez de vous procurer du piment en poudre kashmiri rouge vif, en vente dans les épiceries indiennes.

130

agneau pasanda
gosht pasanda

Héritier des jours glorieux des cours mogholes où la cuisine atteignit des sommets de raffinement, ce plat riche à la sauce veloutée doit son nom au mot pasanda, *qui désigne de petits morceaux de viande – comme ici de l'agneau – désossés et aplatis le plus finement possible.*

POUR 4 À 6 PERSONNES

600 g d'épaule ou de gigot d'agneau désossé

2 cuill. à soupe de pâte à l'ail et au gingembre (voir p. 26)

55 g de ghee (voir p. 253) ou 4 cuill. à soupe d'huile d'arachide ou de toute huile végétale

1 piment vert frais égrené et haché (facultatif)

3 gros oignons hachés

2 gousses de cardamome verte légèrement écrasées

1 bâton de cannelle cassé en deux

2 cuill. à café de coriandre en poudre

1 cuill. à café de cumin en poudre

1 cuill. à café de curcuma en poudre

250 ml d'eau

150 ml de crème fraîche

4 cuill. à soupe d'amandes en poudre

1½ cuill. à café de sel

1 cuill. à café de garam masala (voir p. 251)

pour garnir

paprika

amandes effilées grillées*

1 Détaillez la viande en tranches fines. Placez ces tranches entre deux feuilles de film étirable et aplatissez-les à l'aide d'un rouleau à pâtisserie ou d'un marteau à viande. Dans un saladier, mélangez-les à la main avec la pâte à l'ail et au gingembre, puis laissez-les mariner 2 h à couvert et dans un endroit frais.

2 Faites fondre le ghee dans une cocotte ou une poêle à couvercle. Lorsqu'il grésille, faites revenir le piment et les oignons de 5 à 8 min en tournant fréquemment.

3 Une fois les oignons dorés et translucides, incorporez les gousses de cardamome, la cannelle, la coriandre, le cumin et le curcuma. Poursuivez la cuisson 2 min en brassant jusqu'à ce que les arômes des épices se libèrent.

4 Ajoutez la viande. Saisissez-la 5 min en tournant, puis, lorsqu'elle rissole et que la graisse se sépare, nappez-la d'eau et portez à ébullition en continuant de tourner. Réduisez le feu au minimum. Couvrez et laissez mijoter 40 min, jusqu'à cuisson complète.

5 Lorsque l'agneau est cuit, mélangez la crème et les amandes dans un bol. Incorporez en battant 6 cuill. à soupe du liquide de cuisson chaud, puis transférez la préparation dans la cocotte en fouettant. Salez, saupoudrez de garam masala et poursuivez la cuisson 5 min à petit feu, sans couvrir et en tournant.

6 Pour servir, garnissez de paprika et d'amandes effilées grillées.

* le truc du cuisinier

Pour faire griller des amandes effilées, faites-les revenir en tournant dans une poêle à sec et sur feu modéré, jusqu'à ce qu'elles dorent, et retirez-les aussitôt car elles brûlent vite. Vous pouvez aussi les faire griller dans un four préchauffé à 180 °C/Th. 4, sur une plaque de cuisson (comptez de 10 à 15 min pour qu'elles dorent).

brochettes d'agneau à la coriandre

gosht hara kabab

En Inde du Nord, les bazars et les marchés fourmillent de vendeurs ambulants qui cuisinent à la demande ces brochettes au parfum subtil et épicé. La cuisson dans un four tandoor *leur confère une texture sèche tout en préservant la parfaite tendreté de la viande ; vous pouvez également les faire cuire sous un gril chaud préchauffé ou sur des braises.*

POUR 4 À 6 BROCHETTES

700 g d'agneau émincé

1 oignon râpé

3 cuill. à soupe de feuilles et de tiges de coriandre fraîche hachées finement

3 cuill. à soupe de menthe fraîche hachée finement

3 cuill. à soupe de farine de pois chiche

1½ cuill. à soupe d'amandes en poudre

2,5 cm de racine de gingembre frais râpé

3 cuill. à soupe de jus de citron

2 cuill. à soupe de yaourt nature

2 cuill. à café de cumin en poudre

2 cuill. à café de coriandre en poudre

1½ cuill. à café de sel

1½ cuill. à café de garam masala (voir p. 251)

1 cuill. à café de cannelle en poudre

poivre

quartiers de citron pour servir

1 Dans un grand saladier, mélangez tous les ingrédients à la main jusqu'à obtention d'une préparation lisse. Couvrez d'un linge, puis laissez reposer environ 45 min à température ambiante.

2 Avec les mains humides, divisez cette préparation en vingt-quatre boulettes* de taille égale. Travaillez une boulette à la fois : enroulez-la autour d'une longue pique métallique plate, à la manière d'un cylindre, puis renouvelez l'opération avec la préparation restante, jusqu'à obtention de quatre à six brochettes.

3 Préchauffez le gril au maximum ou allumez le barbecue (les braises doivent devenir grises). Huilez légèrement la grille du four ou du barbecue, puis faites cuire les brochettes de 5 à 7 min, en les retournant souvent, jusqu'à ce que l'agneau soit parfaitement cuit (il ne doit plus être rose lorsque vous le piquez de la pointe d'un couteau). Servez avec des quartiers de citron, accompagné d'une salade.

* le truc du cuisinier
Si vous ne voulez pas confectionner ces brochettes, façonnez la préparation en six galettes, puis faites-les griller comme indiqué, en augmentant le temps de cuisson de 4 min de chaque côté.

côtelettes d'agneau au sésame
champ tilwale

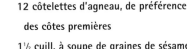

Si, en Inde, ce plat croustillant et parfumé se prépare dans la plupart des régions avec de la jeune chèvre, l'agneau est la viande idéale. Légèrement aplaties, les côtelettes enrôbées de marinade mettent moins de temps à cuire.

POUR 4 PERSONNES

12 côtelettes d'agneau, de préférence
   des côtes premières
1½ cuill. à soupe de graines de sésame*
poivre
quartiers de citron vert pour servir

pour la marinade

4 cuill. à soupe de yaourt nature
2 cuill. à soupe de zeste de citron vert râpé
1½ cuill. à café de cumin en poudre
1½ cuill. à café de coriandre en poudre
¼ cuill. à café de piment en poudre
sel

1 Préparez la marinade : dans un grand saladier, mélangez le yaourt, le zeste de citron, le cumin, la coriandre, le piment en poudre et le sel.

2 À l'aide d'un couteau aiguisé, dégraissez les contours des côtelettes et grattez l'os pour retirer la viande. Utilisez un rouleau à pâtisserie ou le manche d'un grand couteau de cuisine pour aplatir les côtelettes (elles doivent mesurer environ 5 mm d'épaisseur).

3 Plongez-les dans la marinade et brassez à la main. Lorsqu'elles sont bien nappées de pâte, laissez-les reposer 20 min à température ambiante, ou jusqu'à 4 h et à couvert au réfrigérateur.

4 Si vous avez laissé les côtelettes au réfrigérateur, sortez-les 20 min avant la cuisson. Pendant ce temps, préchauffez le gril au maximum et huilez légèrement la grille du four.

5 Disposez-y les côtelettes les unes à côté des autres, en une seule couche, puis saupoudrez-les de graines de sésame. Pour une cuisson à point, placez-les à environ 10 cm de la source de chaleur et faites-les griller 7 min, sans les retourner.

6 Broyez du poivre frais par-dessus et servez avec des quartiers de citron vert.

* le truc du cuisinier
Pour une autre version, remplacez les graines de sésame par 1 cuill. de sambal à la noix de coco (voir p. 247) que vous étalerez sur les côtelettes avant de les passer au gril.

Dans l'intitulé d'une recette, le mot dopiaza *indique la présence d'une forte quantité d'oignons de deux types,* do *signifiant littéralement «deux» et* piaza, *«oignon». Dans certaines recettes, les oignons crus sont incorporés vers la fin de la cuisson afin de donner du croquant au plat ; dans cette version particulièrement riche, les oignons, hachés et tranchés, cuisent avec la viande.*

POUR 4 À 6 PERSONNES

2 gros oignons tranchés finement

sel

2 gros oignons grossièrement hachés

2 cuill. à soupe de pâte à l'ail et au gingembre
 (voir p. 26)

½ cuill. à café de paprika en poudre

2 cuill. à soupe de coriandre fraîche hachée

1 cuill. à soupe de coriandre en poudre

1 cuill. à café de cumin en poudre

½ cuill. à café d'ase fétide en poudre

70 g de ghee (voir p. 253) ou 5 cuill. à soupe d'huile
 d'arachide ou de toute huile végétale

700 g d'épaule d'agneau désossée, dégraissée
 et coupée en dés de 5 cm

4 gousses de cardamome verte

1 pincée de sucre

½ cuill. à café de garam masala (voir p. 251)

brins de coriandre fraîche pour garnir

1 Dans un saladier, saupoudrez les lamelles d'oignons de 1 cuill. à café de sel et laissez-les dégorger 5 min. Pressez-les à la main afin de bien les égoutter.

2 Pendant ce temps, dans un moulin à épices ou un mortier, broyez les oignons hachés avec la pâte à l'ail et au gingembre, le paprika, la coriandre fraîche, la coriandre en poudre, le cumin et l'ase fétide.

agneau dopiaza
gosht dopiaza

3 Faites fondre 2 cuill. à soupe de ghee sur feu moyen dans une cocotte ou une grande poêle à couvercle, et faites revenir les oignons de 4 à 6 min sans cesser de tourner. Retirez-les dès que leurs lamelles commencent à prendre une belle couleur ambrée (l'oignon continue de brunir en refroidissant et il développera un goût de brûlé si vous le laissez trop cuire).

4 Dans la même cocotte, faites fondre 2 cuill. à soupe de ghee. Saisissez l'agneau sur toutes ses faces – opérez en plusieurs fois si nécessaire – et retirez-le dès qu'il rissole.

5 Faites ensuite fondre le ghee restant et faites revenir la pâte aux oignons en tournant régulièrement. Ajoutez les gousses de cardamome. Mélangez.

6 Poursuivez la cuisson avec l'agneau en incorporant ½ cuill. à café de sel et le sucre. Réduisez ensuite le feu au minimum et laissez mijoter 30 min* à couvert.

7 Retirez le couvercle, parsemez l'agneau des lamelles d'oignons et de garam masala, puis refermez la cocotte et faites cuire 15 min supplémentaires à petit feu, jusqu'à ce que la viande soit parfaitement tendre. Goûtez et rectifiez l'assaisonnement selon votre goût, puis décorez de brins de coriandre.

* le truc du cuisinier
Surveillez régulièrement la sauce. Si elle vous semble trop épaisse à l'étape n° 6, allongez-la avec un peu d'eau pour éviter qu'elle n'attache.

138

agneau dhansak
gosht dhansak

Ce plat substantiel où lentilles et potiron fondent dans une sauce veloutée orne les tables dominicales des nombreux parsis d'Inde. Pour le transformer en un repas complet, il suffit de l'accompagner de riz et de naan.

POUR 4 À 6 PERSONNES

700 g d'épaule d'agneau désossée, dégraissée
  et coupée en dés de 5 cm

sel

1 cuill. à soupe de pâte à l'ail et au gingembre (voir p. 26)

5 gousses de cardamome verte

200 g de lentilles jaunes (« toor dal »)

100 g de potiron pelé, épépiné et haché

1 carotte tranchée finement

1 piment vert frais égrené et haché

1 cuill. à café de fenugrec en poudre

500 ml d'eau

1 gros oignon tranché finement

30 g de ghee (voir p. 253) ou 2 cuill. à soupe d'huile
  d'arachide ou de toute huile végétale

2 gousses d'ail écrasées

coriandre ou menthe fraîche ciselée pour garnir

pour le dhansak masala*

1 cuill. à café de garam masala (voir p. 251)

½ cuill. à café de coriandre en poudre

½ cuill. à café de cumin en poudre

½ cuill. à café de piment en poudre

½ cuill. à café de curcuma en poudre

¼ cuill. à café de cardamome en poudre

¼ cuill. à café de clous de girofle en poudre

1 Dans une cocotte, saupoudrez l'agneau de 1 cuill. à café de sel, recouvrez-le d'eau et portez à ébullition. Réduisez le feu et laissez mijoter en écumant la surface. Incorporez ensuite la pâte à l'ail et au gingembre, la cardamome et poursuivez la cuisson 30 min.

2 Entre-temps, mettez les lentilles, le potiron, la carotte, le piment et le fenugrec dans une cocotte en fonte et recouvrez-les d'eau. Portez à ébullition en tournant régulièrement, puis réduisez le feu et laissez mijoter de 20 à 30 min, jusqu'à ce que les lentilles et la carotte cuisent parfaitement. Ajoutez un peu d'eau si les lentilles semblent attacher.

3 Laissez refroidir, puis passez cette préparation au mixeur pour obtenir une sauce lisse et épaisse.

4 Pendant la cuisson de l'agneau et des lentilles, laissez l'oignon dégorger 5 min dans un bol avec 1 cuill. à café de sel. Pressez-le à la main pour l'égoutter.

5 Faites fondre le ghee sur feu vif dans une cocotte ou une poêle à couvercle, puis faites revenir l'oignon 2 min en tournant. Retirez-en un tiers et poursuivez de 1 à 2 min avec les deux tiers restants (l'oignon doit être doré et translucide). Retirez-le vite à l'aide d'une écumoire, car il continue de s'assombrir en refroidissant.

6 Remettez le tiers d'oignon réservé avec l'ail, puis tous les ingrédients du dhansak masala. Faites cuire 2 min en tournant, puis 2 min encore avec l'agneau cuit. Incorporez la sauce aux lentilles et faites réchauffer. Brassez, ajoutez de l'eau et rectifiez l'assaisonnement. Pour servir, décorez d'oignon doré et parsemez de coriandre.

* le truc du cuisinier
Essayez de vous procurer des sachets de dhansak masala prêt à l'emploi. Ajoutez-en 1 cuill. à soupe avec les oignons, à l'étape n° 6, et poursuivez comme indiqué.

Au Pendjab, ce plat simple se réalise généralement avec des morceaux de chèvre ou de mouton dont la fermeté réclame de longs temps de cuisson ; préparé comme ici avec un tendre collier d'agneau, il est beaucoup plus rapide à cuire.

agneau au chou-fleur
gobhi gosht

141

POUR 4 À 6 PERSONNES

30 g de ghee (voir p. 253) ou 2 cuill. à soupe d'huile
  d'arachide ou de toute huile végétale

1 oignon haché

½ cuill. à soupe de pâte à l'ail et au gingembre (voir p. 26)

1 cuill. à soupe de graines de cumin

2 cuill. à café de pâte de curry (douce ou épicée)

1 tête de chou-fleur coupée en petits morceaux*

400 g de tomates en boîte hachées

125 ml de bouillon de légumes ou d'eau

sel et poivre

700 g de collier d'agneau dégraissé et détaillé
  en tranches de 5 mm

jus de citron pour relever

menthe fraîche hachée pour garnir

1 Dans un *kodai*, un wok ou une grande poêle, faites fondre le ghee sur feu moyen, puis faites revenir de 5 à 8 min l'oignon avec la pâte à l'ail et au gingembre en tournant fréquemment, jusqu'à ce que l'oignon commence à brunir légèrement.

2 Poursuivez la cuisson 1 min avec le cumin et la pâte de curry, puis 1 min encore avec le chou-fleur.

3 Incorporez les tomates avec leur jus, ainsi que le bouillon. Salez et poivrez. Portez à ébullition, puis réduisez le feu et laissez mijoter 10 min, en brassant de temps en temps, jusqu'à ce que la sauce réduise et que les tomates se désagrègent.

4 Ajoutez l'agneau, faites-le cuire 10 min en continuant de tourner, puis incorporez le jus de citron dès que la viande devient tendre (à cet instant, seul le cœur doit rester rose). Rectifiez l'assaisonnement selon votre goût, puis servez, garni d'une généreuse quantité de menthe.

* le truc du cuisinier

Vous pouvez remplacer le chou-fleur par des morceaux de carotte ou de brocoli de 1 cm, en sachant que la cuisson du brocoli se réduit à 5 min, lors de l'étape n° 3.

L'Inde connaît un taux de naissances impressionnant, et, partout à travers le pays, les enfants se pressent pour vous accueillir.

jarrets d'agneau marathani
ghati gosht

Originaire de Bombay, ce plat exhale une myriade de parfums qui reflètent l'effervescence et la diversité de l'immense cité. Son port, où les commerçants du monde entier sont toujours venus vendre leurs produits, fut logiquement baptisé «Porte de l'Inde». Dans cette recette, le mot marathani indique sa provenance, qui n'est autre que l'État de Maharashtra, dont la capitale est Bombay.

POUR 4 PERSONNES

55 g de ghee (voir p. 253) ou 4 cuill. à soupe d'huile
    d'arachide ou de toute huile végétale

2 gros oignons tranchés finement

40 g de noix de cajou

1½ cuill. à soupe de pâte à l'ail et au gingembre (voir p. 26)

2 piments verts frais égrenés et hachés

2 bâtons de cannelle cassés en deux

½ cuill. à café de piment en poudre

½ cuill. à café de curcuma en poudre

½ cuill. à café de coriandre en poudre

¼ cuill. à café de macis en poudre

3 cuill. à soupe de yaourt nature

4 jarrets d'agneau

850 ml d'eau

½ cuill. à café de garam masala (voir p. 251)

sel et poivre

coriandre fraîche ciselée pour garnir

1 Dans une grande cocotte, faites fondre la moitié du ghee sur feu moyen, puis faites revenir les oignons de 5 à 8 min en tournant régulièrement, jusqu'à ce qu'ils

Au verso Le Gange à Bénarès,
l'un des sites les plus sacrés d'Inde.

chauffent sans colorer. Poursuivez de 1 à 2 min avec les noix de cajou, le temps de les dorer légèrement.

2 Retirez le tout à l'aide d'une écumoire et laissez refroidir quelques instants. Transférez ensuite les noix de cajou et les oignons dans un mixeur ou un mortier, puis broyez-les jusqu'à obtention d'une pâte (les noix doivent être parfaitement broyées).

3 Faites fondre le ghee restant dans la cocotte et faites revenir 1 min la pâte à l'ail et au gingembre avec les piments et la cannelle, en tournant jusqu'à ce que les arômes des épices se libèrent.

4 Incorporez le piment en poudre, le curcuma, la coriandre et le macis, puis le yaourt, peu à peu et sans cesser de tourner. Poursuivez la cuisson 5 min avec les jarrets, en continuant de brasser jusqu'à complète absorption du yaourt.

5 Ajoutez la pâte aux oignons et aux noix de cajou. Recouvrez les jarrets d'eau, saupoudrez de garam masala et portez à ébullition. Réduisez ensuite le feu et laissez mijoter à feu doux et à couvert de 1¾ h à 2 h (l'agneau doit alors très tendre et la viande se détacher pratiquement de l'os*).

6 Goûtez et rectifiez l'assaisonnement selon votre goût. Servez ces jarrets d'agneau nappés de sauce liquide et décorés de coriandre ciselée.

* le truc du cuisinier
La sauce de ce plat est très liquide. Si vous la préférez plus épaisse, maintenez les jarrets au chaud dans le four à la fin de l'étape n° 5. Mélangez 4 cuill. à soupe de sauce à 4 cuill. à soupe de farine de riz pour obtenir une pâte lisse. Incorporez cette pâte dans la sauce, portez à ébullition et poursuivez la cuisson environ 10 min en tournant, jusqu'à ce qu'elle réduise et épaississe.

porc aux légumes
sabzi gosht

L'Orient et l'Occident s'unissent dans la cuisine chrétienne anglo-indienne de Calcutta où perdure la tradition de parfumer des plats anglais avec des ingrédients indiens. Cette recette, qui pourrait se comparer à la farce d'une tourte, est une version modernisée des currys autrefois servis dans les wagons restaurants.

POUR 4 À 6 PERSONNES

40 g de ghee (voir p. 253) ou 3 cuill. à soupe d'huile
   d'arachide ou de toute huile végétale

1 gros oignon haché finement

4 gousses de cardamome verte

3 clous de girofle

1 bâton de cannelle

1 cuill. à soupe de pâte à l'ail et au gingembre (voir p. 26)

2 cuill. à café de garam masala (voir p. 251)

de ¼ à ½ cuill. à café de piment en poudre

½ cuill. à café d'ase fétide en poudre

2 cuill. à café de sel

600 g de porc maigre émincé*

1 pomme de terre nettoyée et coupée en dés de 5 mm

400 g de tomates en boîte hachées

125 ml d'eau

1 feuille de laurier

1 grosse carotte grossièrement râpée

feuilles de coriandre fraîche pour garnir

1 Dans une cocotte ou une grande poêle à couvercle, faites fondre le ghee sur feu moyen. Faites ensuite revenir l'oignon de 5 à 8 min en tournant, puis poursuivez la cuisson 1 min avec les gousses de cardamome, les clous de girofle et le bâton de cannelle, jusqu'à ce que les arômes des épices se libèrent.

2 Ajoutez la pâte à l'ail et au gingembre, le garam masala, le piment en poudre, l'ase fétide et le sel. Laissez cuire en mélangeant 1 min supplémentaire. Incorporez ensuite le porc et prolongez la cuisson 5 min (jusqu'à ce qu'il ne soit plus rose) en brisant ses morceaux.

3 Poursuivez avec la pomme de terre, les tomates et leur jus, l'eau et la feuille de laurier. Portez à ébullition en tournant, puis réduisez le feu au minimum et laissez mijoter 15 min après avoir couvert hermétiquement la cocotte. Terminez la cuisson avec la carotte râpée (il faut compter 5 min supplémentaires pour qu'elle soit parfaitement cuite, ainsi que la pomme de terre). Goûtez et rectifiez l'assaisonnement selon votre goût, puis servez garni de coriandre.

* le truc du cuisinier
Vous pouvez remplacer le porc par de l'agneau ou du bœuf maigre émincé.

148 porc vindaloo
gosht vindaloo

Une recette explosive ! Vindaloo *vient des mots portugais qui signifient «ail» et «vinaigre».*
Si ces deux ingrédients entrent dans la composition de ce plat traditionnel, originaire de Goa, son feu caractéristique est en réalité dû aux piments, qui furent introduits par les Portugais avec le vinaigre, lors de leur conquête de Goa, en 1510 (ils continuèrent de gouverner cette partie de l'ouest de l'Inde jusqu'à son annexion par l'Inde en 1961). Parmi les héritages de la domination portugaise figure une forte communauté chrétienne, consommatrice de porc, contrairement aux musulmans et à de nombreux hindous.

POUR 4 À 6 PERSONNES

4 cuill. à soupe d'huile de moutarde

2 gros oignons hachés finement

6 feuilles de laurier fraîches

6 clous de girofle

6 gousses d'ail hachées

3 gousses de cardamome verte légèrement craquelées

1 ou 2 petits piments rouges frais hachés

2 cuill. à soupe de cumin en poudre

½ cuill. à café de sel

½ cuill. à café de curcuma en poudre

2 cuill. à soupe de vinaigre de cidre

2 cuill. à soupe d'eau

1 cuill. à soupe de purée de tomates

700 g d'épaule de porc désossée, dégraissée
  et coupée en dés de 5 cm

1 Dans une grande poêle ou une cocotte à couvercle, faites chauffer l'huile de moutarde sur feu vif jusqu'à ce qu'elle fume, puis éteignez le feu et laissez-la refroidir complètement.

2 Réchauffez-la sur feu moyen. Faites ensuite revenir les oignons de 5 à 8 min, en tournant régulièrement jusqu'à ce qu'ils chauffent sans colorer.

3 Incorporez les feuilles de laurier, les clous de girofle, l'ail, les gousses de cardamome, les piments, le cumin, le sel, le curcuma et 1 cuill. à soupe de vinaigre. Brassez. Ajoutez l'eau, puis laissez mijoter 1 min à couvert, jusqu'à ce qu'elle soit parfaitement absorbée et que la graisse se sépare.

4 Dissolvez la purée de tomates dans la cuillerée à soupe de vinaigre restante. Incorporez-la en même temps que le porc.

5 Recouvrez d'eau et portez à ébullition. Réduisez ensuite le feu au minimum et laissez mijoter de 40 min à 1 h après avoir couvert hermétiquement la cocotte. Le porc doit alors être parfaitement tendre.

6 S'il reste trop de liquide, retirez la viande à l'aide d'une écumoire et poursuivez la cuisson sur feu vif, jusqu'à ce que le liquide ait réduit à la quantité désirée. Remettez alors le porc dans la cocotte pour le réchauffer et rectifiez l'assaisonnement selon votre goût.

kheema matar

kheema mattar

Un plat familial, simple et rustique, particulièrement apprécié lorsque les vents froids de l'hiver déferlent sur l'Inde du Nord.

POUR 4 À 6 PERSONNES

30 g de ghee (voir p. 253) ou 2 cuill. à soupe d'huile
  d'arachide ou de toute huile végétale

2 cuill. à café de graines de cumin

1 gros oignon haché finement

1 cuill. à soupe de pâte à l'ail et au gingembre
  (voir p. 26)

2 feuilles de laurier

1 cuill. à café de poudre de curry
  (douce ou épicée)

2 tomates épépinées et hachées

1 cuill. à café de coriandre en poudre

de ¼ à ½ cuill. à café de piment en poudre

¼ cuill. à café de curcuma en poudre

1 pincée de sucre

½ cuill. à café de sel

½ cuill. à café de poivre

500 g de bœuf ou d'agneau maigre émincé

250 g de petits pois surgelés non décongelés

1 Faites chauffer le ghee dans une cocotte ou une grande poêle à couvercle et faites revenir les graines de cumin 30 s en tournant, jusqu'à ce qu'elles commencent à crépiter.

2 Poursuivez la cuisson avec l'oignon, la pâte à l'ail et au gingembre, les feuilles de laurier et la poudre de curry.

3 Lorsque la graisse se sépare, ajoutez les tomates et faites-les cuire de 1 à 2 min avant d'incorporer la coriandre, le piment en poudre, le curcuma, le sucre, le sel et le poivre.

4 Après 30 s, ajoutez le bœuf (comptez 5 min pour qu'il ne soit plus rose). Brisez-le à l'aide d'une cuillère en bois, puis réduisez le feu et laissez mijoter 10 min en brassant de temps en temps.

5 Poursuivez la cuisson de 10 à 15 min avec les petits pois (le temps de les décongeler et de les réchauffer). S'il reste trop de liquide, augmentez le feu et faites-le réduire encore quelques minutes à gros bouillons.

Les Indiens se passionnent pour la vie politique; et des photos d'hommes politiques ornent souvent les lieux publics.

152 bœuf Madras
madrasi gosht

Ce curry épicé, rehaussé d'un soupçon de noix de coco, doit son nom indien à la ville côtière du sud-est de l'Inde, Madras. Dans cette région, les spécialités sont parfumées à la noix de coco et relevées d'une multitude de piments, d'où le nom fréquent de Madras *pour désigner les plats épicés sur les menus des restaurants. Celui-ci est à déguster avec une bière glacée ou un lassi salé (voir p. 212).*

POUR 4 À 6 PERSONNES

1 ou 2 piments rouges séchés*

2 cuill. à café de coriandre en poudre

2 cuill. à café de curcuma en poudre

1 cuill. à café de graines de moutarde noires

½ cuill. à café de gingembre en poudre

¼ cuill. à café de poivre en poudre

140 g de crème de coco solide râpée et dissoute dans 300 ml d'eau bouillante

55 g de ghee (voir p. 253) ou 4 cuill. à soupe d'huile d'arachide ou de toute huile végétale

3 grosses gousses d'ail hachées

2 oignons hachés

700 g de bœuf à braiser maigre, comme le paleron, dégraissé et coupé en dés de 5 cm

250 ml de bouillon de bœuf

jus de citron

sel

1 Selon le feu désiré, hachez les piments avec ou sans leurs graines (moins ils sont égrenés, plus ils sont épicés). Dans un petit saladier, mélangez le piment haché et ses graines avec la coriandre, le curcuma, les graines de moutarde, le gingembre et le poivre, puis incorporez une petite quantité de crème de coco dissoute jusqu'à obtention d'une pâte fluide.

2 Faites fondre le ghee sur feu moyen dans une cocotte ou une grande poêle à couvercle, et faites revenir l'ail et les oignons de 5 à 8 min en tournant fréquemment. Lorsque l'oignon blondit et devient translucide, poursuivez la cuisson 2 min avec la pâte aux épices, jusqu'à ce que leurs arômes se libèrent.

3 Ajoutez la viande, le bouillon, puis portez à ébullition. Réduisez ensuite le feu au minimum, couvrez hermétiquement et laissez mijoter 1 h 30 (le bœuf doit alors être tendre si vous le piquez d'une fourchette). Surveillez régulièrement la cuisson : si la viande attache, ajoutez de l'eau ou du bouillon.

4 Retirez le couvercle et incorporez le lait de coco restant avec le jus de citron et le sel. Portez à ébullition en tournant, puis réduisez à nouveau le feu et poursuivez la cuisson, toujours sans couvercle, jusqu'à ce que la sauce ait légèrement réduit.

* le truc du cuisinier

Le plat prend un autre caractère, tout en restant parfumé, si vous n'incorporez pas l'intégralité des piments et garnissez le plat de copeaux de noix de coco grillés juste avant de servir.

bœuf balti
bhuna gosht

En direct de Birmingham, en Angleterre, voici la version indo-pakistanaise du plat sauté. Les immigrants indiens firent découvrir ce style de cuisine rapide aux habitants de la ville, et les restaurants baltis fleurissent aujourd'hui à travers toute l'Angleterre et l'Europe. Une fois la sauce réalisée, ce plat se cuisine très vite ; il peut également se préparer à l'avance, ou même se conserver plusieurs jours au réfrigérateur.

POUR 4 À 6 PERSONNES

30 g de ghee (voir p. 253) ou 2 cuill. à soupe d'huile
  d'arachide ou de toute huile végétale

2 gousses d'ail écrasées

1 gros oignon haché

2 gros poivrons rouges épépinés et hachés

600 g de bœuf désossé à sauter, comme de l'aloyau,
  tranché finement

pour la sauce baltie

30 g de ghee (voir p. 253) ou 2 cuill. à soupe d'huile
  d'arachide ou de toute huile végétale

2 gros oignons hachés

1 cuill. à soupe de pâte à l'ail et au gingembre
  (voir p. 26)

400 g de tomates en boîte hachées

1 cuill. à café de paprika en poudre

½ cuill. à café de curcuma en poudre

½ cuill. à café de cumin en poudre

½ cuill. à café de coriandre en poudre

¼ cuill. à café de piment en poudre

¼ cuill. à café de cardamome en poudre

1 feuille de laurier

sel et poivre

1 Préparez la sauce baltie : faites fondre le ghee dans un *kodai*, un wok ou une grande poêle sur feu moyen, puis faites revenir 5 min les oignons avec la pâte à l'ail et au gingembre. Lorsque les oignons blondissent, incorporez les tomates avec leur jus, suivies du paprika, du curcuma, du cumin, de la coriandre, du piment, de la cardamome en poudre et de la feuille de laurier. Salez et poivrez. Portez à ébullition en tournant, puis réduisez le feu et laissez mijoter 20 min en continuant de brasser régulièrement.

2 Laissez la sauce refroidir légèrement. Retirez alors la feuille de laurier et passez la préparation au mixeur jusqu'à obtention d'une sauce lisse (vous pouvez également utiliser un pilon et un mortier).

3 Nettoyez le *kodai*, le wok ou la poêle et faites fondre le ghee sur feu moyen. Faites ensuite dorer l'ail et l'oignon de 5 à 8 min, puis poursuivez la cuisson 2 min avec les poivrons rouges.

4 Incorporez le bœuf, tournez 2 min supplémentaires. Lorsque la viande commence à rissoler, versez la sauce baltie. Portez à ébullition, réduisez le feu et laissez mijoter 5 min, jusqu'à ce que la sauce réduise légèrement et que le poivron cuise. Rectifiez l'assaisonnement selon votre goût et servez directement dans le *kodai*, ou encore dans un plat creux.

poulet tandoori
tandoori murgh

Ne vous attendez pas à reproduire avec exactitude le plat de votre restaurant indien favori. Il est en effet impossible à réaliser – à moins de disposer d'un four tandoor dans sa propre cuisine – mais il s'en rapproche, notamment si vous laissez le poulet mariner toute une journée avant la cuisson. En Inde, les cuisiniers donnent aux plats tandoori leur vive couleur rouge orangé grâce à des colorants alimentaires naturels, comme la cochenille. Même si celui-ci n'est pas indispensable, vous pouvez le remplacer par quelques gouttes de colorant rouge et jaune, mieux distribué, ou par un piment en poudre kashmiri, qui colore lui aussi de rouge.

Centrée autour de l'agriculture, la vie des villages indiens est liée à celle des villes et bourgades alentours.

POUR 4 PERSONNES

1 poulet de 1,5 kg sans la peau*
½ citron
1 cuill. à café de sel
30 g de ghee (voir p. 253) fondu
quartiers de citron pour servir

pour la pâte tandoori masala

1 cuill. à soupe de pâte à l'ail et au gingembre (voir p. 26)
1 cuill. à soupe de paprika en poudre
1 cuill. à café de cannelle en poudre
1 cuill. à café de cumin en poudre
½ cuill. à café de coriandre en poudre
¼ cuill. à café de piment en poudre,
   idéalement du kashmiri
1 pincée de clous de girofle en poudre
¼ cuill. à café de colorant alimentaire rouge (facultatif)
quelques gouttes de colorant alimentaire
   jaune (facultatif)
200 ml de yaourt nature

1 Préparez la pâte tandoori masala : dans un saladier, mélangez la pâte à l'ail et au gingembre, les épices séchées et le colorant alimentaire, puis ajoutez le yaourt dans cette pâte. Vous pouvez l'utiliser immédiatement ou la conserver jusqu'à trois jours dans une boîte hermétique au réfrigérateur.

2 À l'aide d'un petit couteau, pratiquez de fines incisions sur le poulet. Frottez sa chair avec le demi-citron, puis le sel.

3 Dans un saladier profond, nappez-le de pâte à la main (en la faisant pénétrer dans ses fentes). Couvrez de film étirable et laissez reposer 4 h, ou de préférence 24 h au réfrigérateur.

4 Au moment de la cuisson, préchauffez votre four à 200 °C/Th. 6. Placez le poulet dans un plat

à rôtir, les blancs sur le dessus, arrosez-le de ghee fondu, puis faites-le cuire 45 min environ. Sortez-le et augmentez la température du four au maximum.

5 Retirez délicatement la graisse qui s'est déposée au fond du plat, puis remettez le poulet à cuire de 10 à 15 min supplémentaires, ou jusqu'à ce que les jus qui s'en écoulent soient clairs lorsque vous piquez une cuisse avec le bout d'un couteau, et que la pâte tandoori soit légèrement grillée.

6 Laissez-le reposer une dizaine de minutes, puis découpez-le en morceaux. Servez-le accompagné de quartiers de citron.

le truc du cuisinier

Pour une version plus rapide et facile à préparer, vous pouvez utiliser indifféremment des blancs, des cuisses ou des pilons ; faites mariner les morceaux comme indiqué plus haut, préchauffez le four à 230 °C/Th. 8, et faites-les ensuite rôtir 40 min environ.

et au beurre
murgn makhani

Comme pour le poulet tikka masala (voir p. 161), la façon la plus rapide de réaliser cette recette sikh populaire est d'acheter du poulet tandoori déjà cuit. Le cas échéant, vous devrez commencer par le préparer (voir p. 156). Avec sa sauce riche et crémeuse dont il est possible de varier le feu selon la quantité de piment en poudre incluse, ce plat est idéal pour recevoir.

POUR 4 À 6 PERSONNES

1 oignon haché

1½ cuill. à soupe de pâte à l'ail et au gingembre
   (voir p. 26)

400 g de grosses tomates juteuses pelées et hachées,
   ou de tomates en boîte

de ¼ à ½ cuill. à café de piment en poudre

1 pincée de sucre

sel et poivre

30 g de ghee (voir p. 253) ou 2 cuill. à soupe d'huile
   d'arachide ou de toute huile végétale

125 ml d'eau

1 cuill. à soupe de purée de tomates

40 g de beurre coupé en petits morceaux

½ cuill. à café de garam masala (voir p. 251)

½ cuill. à café de cumin en poudre

½ cuill. à café de coriandre en poudre

1 poulet tandoori (voir p. 156) cuit, coupé en huit

4 cuill. à soupe de crème fraîche

pour garnir

4 cuill. à soupe de noix de cajou légèrement grillées
   et grossièrement hachées

brins de coriandre fraîche

1 Passez l'oignon et la pâte à l'ail et au gingembre au mixeur (ou dans un moulin à épices), jusqu'à obtention d'une pâte homogène. Poursuivez avec les tomates, le piment en poudre, le sucre et une pincée de sel.

2 Faites fondre le ghee dans un *kodai*, un wok ou une grande poêle sur feu moyen, puis faites revenir cette préparation avec l'eau et la purée de tomates.

3 Portez à ébullition en tournant, réduisez le feu au minimum et laissez mijoter 5 min en brassant régulièrement.

4 Lorsque la sauce a épaissi, incorporez la moitié du beurre, le garam masala, le cumin et la coriandre. Ajoutez les morceaux de poulet, et mélangez jusqu'à ce qu'ils soient parfaitement nappés de sauce. Laissez mijoter environ 10 min (le poulet doit être chaud), puis goûtez et rectifiez l'assaisonnement selon votre goût.

5 Dans un petit saladier, fouettez légèrement la crème, puis incorporez plusieurs cuillerées à soupe de sauce chaude sans cesser de battre. Versez cette préparation dans la sauce tomate, suivie du beurre restant en tournant jusqu'à ce qu'il fonde. Servez immédiatement, garni de noix de cajou concassées et de coriandre ciselée.

1 goosse oil   1 cac ginger
1 oignon haché   " cannelle
Yogourt   1/2 cac cardamom
250 ml creme flait   1/3 clou girofle
2 feuilles laurier   1 cac garam
2 CaS Pate de tomates   masala
                           1 cac coriandre
                             moulu
                           1 cac cumin

160

curry de poulet aux champignons et haricots verts
murgh mushroom rasedaar

Ce curry riche, simple et rapide, est moins long à préparer que certains plats indiens plus traditionnels.

POUR 4 À 6 PERSONNES

55 g de ghee (voir p. 253) ou 4 cuill. à soupe d'huile
  d'arachide ou de toute huile végétale

8 cuisses de poulet sans la peau, désossées et tranchées

1 petit oignon haché

2 grosses gousses d'ail écrasées

100 g de haricots verts équeutés et hachés en tronçons

100 g de champignons en tranches épaisses

2 cuill. à soupe de lait

sel et poivre

brins de coriandre fraîche pour garnir

pour la pâte de curry

2 cuill. à café de garam masala (voir p. 251)

1 cuill. à café de poudre de curry (douce ou épicée)

1 cuill. à soupe d'eau

1 Dans un saladier, préparez la pâte de curry en mélangeant le garam masala et la poudre de curry. Ajoutez l'eau et réservez.

2 Faites fondre la moitié du ghee sur feu moyen dans une grande cocotte en fonte ou une poêle à couvercle, et faites revenir les morceaux de poulet et la pâte de curry 5 min en tournant.

3 Incorporez l'oignon, l'ail et les haricots verts, poursuivez la cuisson 5 min (le poulet doit alors être cuit et le jus qui s'en écoule, clair).

4 Ajoutez le ghee restant avec les champignons. Une fois le ghee fondu, versez le lait, salez, poivrez, puis réduisez à feu doux et laissez mijoter 10 min à couvert en tournant de temps en temps. Servez garni de coriandre.

Ce plat, qui serait né dans les restaurants indiens de Londres afin d'utiliser les reliefs de poulet tandoori, se cuisine aujourd'hui dans les restaurants indiens : la boucle est ainsi bouclée. Pour le préparer, le plus rapide consiste à utiliser des morceaux de poulet tandoori, en vente dans les supermarchés ou chez les traiteurs indiens ; si vous préférez le cuisiner vous-même, reportez-vous à la recette p. 156, puis découpez en morceaux le poulet cuit.

POUR 4 À 6 PERSONNES

400 g de tomates en boîte hachées

300 ml de crème fraîche

8 morceaux de poulet tandoori cuit (voir p. 156)

brins de coriandre fraîche pour garnir

pour le tikka masala

30 g de ghee (voir p. 253) ou 2 cuill. à soupe d'huile
  d'arachide ou de toute huile végétale

1 grosse gousse d'ail hachée finement

1 piment rouge frais égrené et haché

2 cuill. à café de cumin en poudre

2 cuill. à café de paprika en poudre

½ cuill. à café de sel

poivre noir

1 Préparez le tikka masala : dans une grande poêle à couvercle, faites fondre le ghee ou chauffer l'huile sur feu moyen, puis faites revenir l'ail et le piment 1 min avant d'incorporer le cumin et le paprika. Salez, poivrez et poursuivez la cuisson environ 30 s en tournant.

2 Incorporez les tomates avec leur jus et la crème. Réduisez le feu et laissez mijoter à feu doux environ 10 min, en continuant de brasser régulièrement, jusqu'à ce que la sauce réduise et épaississe.

3 Pendant ce temps, désossez et dépouillez le poulet tandoori, puis détaillez sa chair en bouchées.

poulet tikka masala
murgh tikka makhani

4 Selon votre goût, rectifiez l'assaisonnement de la sauce. Plongez-y le poulet et laissez mijoter 3 à 5 min à couvert, jusqu'à ce qu'il soit chaud. Parsemez de coriandre et servez.

poulet kashmiri
murgh kashmiri

Ce plat originaire du Cachemire, à la fois doux et parfumé, doit sa couleur et sa saveur délicates aux filaments de safran qui poussent dans cette région du Nord. Vous pouvez remplacer les cuisses suggérées ici par tout autre morceau de viande désossée.

POUR 4 À 6 PERSONNES

graines de 8 gousses de cardamome verte

½ cuill. à café de graines de coriandre

½ cuill. à café de graines de cumin

1 bâton de cannelle

8 grains de poivre noir

6 clous de girofle

½ cuill. à café de filaments de safran

1 cuill. à soupe d'eau chaude

40 g de ghee (voir p. 253) ou 3 cuill. à soupe d'huile
   d'arachide ou de toute huile végétale

1 gros oignon haché finement

2 cuill. à soupe de pâte à l'ail et au gingembre
   (voir p. 26)

250 ml de yaourt nature

8 cuisses de poulet sans la peau, désossées et tranchées

3 cuill. à soupe d'amandes en poudre

55 g de pistaches blanchies et broyées finement

2 cuill. à soupe de coriandre fraîche hachée

2 cuill. à soupe de menthe fraîche hachée*

sel

amandes effilées grillées pour garnir

1 Dans une poêle chaude, faites griller les graines de cardamome à sec et sur feu modéré, sans cesser de tourner, jusqu'à ce que leur arôme se libère. Retirez-les immédiatement afin qu'elles ne brûlent pas, puis renouvelez l'opération avec les graines de coriandre et de cumin, la cannelle, les grains de poivre et les clous de girofle. Réduisez ensuite ces épices en poudre – à l'exception du bâton de cannelle – dans un moulin à épices ou un mortier.

2 Dans un petit bol, laissez reposer les filaments de safran dans l'eau.

3 Pendant ce temps, faites fondre le ghee dans une cocotte ou une grande poêle à couvercle, puis faites revenir l'oignon de 5 à 8 min sur feu moyen, en tournant régulièrement. Lorsqu'il commence à dorer, poursuivez la cuisson 2 min avec la pâte à l'ail et au gingembre.

4 Incorporez les épices en poudre* et le bâton de cannelle. Retirez la préparation aux oignons du feu et ajoutez le yaourt par petites quantités, en battant vigoureusement. Remettez sur le feu, continuez à tourner de 2 à 3 min, jusqu'à ce que le ghee se sépare, puis ajoutez les morceaux de poulet.

5 Portez la préparation à ébullition sans cesser de brasser. Réduisez le feu au minimum et laissez mijoter 20 min à couvert, en tournant de temps en temps et en veillant à ce qu'elle n'attache pas : si c'est le cas, allongez-la avec quelques cuillerées à soupe d'eau.

6 Ajoutez les amandes en poudre, les pistaches, le liquide au safran, la moitié de la coriandre, les feuilles de menthe et le sel. Couvrez et poursuivez la cuisson à petit feu environ 5 min, jusqu'à ce que le poulet soit cuit et que la sauce épaississe. Parsemez de la coriandre restante et des amandes.

* le truc du cuisinier

Les feuilles de menthe, qui ajoutent un merveilleux arôme à ce plat, prennent malheureusement une couleur sombre assez déplaisante à la chaleur. Il est donc conseillé d'ajouter de la coriandre fraîche juste avant de servir. Ce plat riche est très doux, ce qui le rend idéal pour qui découvre la cuisine indienne et craint la brûlure des piments. Les amateurs, en revanche, pourront ajouter ¼ ou ½ cuill. à café de piment en poudre aux autres épices en poudre, lors de l'étape n° 4.

164 poulet jalfrezi
murgh jalfrezi

Ce plat populaire aurait été importé en Angleterre par les cuisiniers bengalis et aujourd'hui, sur Brick Lane, au cœur de la communauté bengalie de Londres, chaque restaurant affirme servir sa version la plus authentique.

POUR 4 À 6 PERSONNES

55 g de ghee (voir p. 253) ou 4 cuill. à soupe d'huile
d'arachide ou de toute huile végétale

8 cuisses de poulet sans la peau, désossées et tranchées

1 gros oignon haché

2 cuill. à soupe de pâte à l'ail et au gingembre
(voir p. 26)

2 poivrons verts épépinés et hachés

1 gros piment vert frais égrené et haché finement

1 cuill. à café de cumin en poudre

1 cuill. à café de coriandre en poudre

de ¼ à ½ cuill. à café de piment en poudre

½ cuill. à café de curcuma en poudre

¼ cuill. à café de sel

400 g de tomates en boîte hachées

125 ml d'eau

coriandre fraîche ciselée pour garnir

1 Dans un *kodai*, un wok ou une grande poêle, faites fondre la moitié du ghee sur feu moyen et saisissez les morceaux de poulet 5 min en brassant. Lorsqu'ils sont bien dorés (ils peuvent ne pas être entièrement cuits), retirez-les à l'aide d'une écumoire et réservez-les.

2 Faites fondre le ghee restant dans la même poêle, puis faites revenir l'oignon de 5 à 8 min en tournant souvent, jusqu'à ce qu'il blondisse. Poursuivez la cuisson 2 min avec la pâte à l'ail et au gingembre.

3 Ajoutez les poivrons, tournez 2 min supplémentaires.

4 Incorporez le piment, le cumin, la coriandre, le piment en poudre, le curcuma et le sel, puis les tomates avec leur jus et l'eau*. Portez à ébullition.

5 Réduisez ensuite le feu, ajoutez le poulet et laissez mijoter 10 min à feu doux et sans couvrir. Brassez régulièrement. Lorsque les poivrons et le poulet sont cuits (le jus qui s'écoule de ce dernier doit être clair quand vous le piquez de la pointe d'un couteau), parsemez de coriandre et servez.

* le truc du cuisinier

Pour un plat plus substantiel, qui n'aura pas besoin d'être accompagné de riz, ajoutez 400 g de pommes de terre nouvelles hachées avec les tomates et l'eau à l'étape n° 4. Portez à ébullition, réduisez le feu et laissez mijoter 5 min avant d'incorporer le poulet.

POISSON ET FRUITS DE MER

Chaque matin, le fameux Sassoon Dock de Bombay, qui s'impose comme l'un des plus grands marchés au poisson d'Inde, permet de découvrir dans son agitation frénétique les prises réalisées le long des 6 000 km de côte du pays, ainsi que dans la multitude de rivières, lacs et canaux qui le parsèment.

Les pêcheurs rapportent leurs prises sur la terre ferme pour les vendre sur les marchés locaux, les envoyer aux quatre coins du pays ou les congeler en vue d'une exportation maritime internationale. Des immenses thons et requins aux minuscules blanchailles et crevettes, en passant par les moules et les palourdes, leur variété est stupéfiante, de même que le tableau qu'ils offrent sur les marchés, avec leurs couleurs vives où se mêlent sang et entrailles, alors que les roupies passent de main en main au gré des transactions.

Le Bengale, à l'est, Goa et le Kerala, sur la côte ouest de Malabar, sont réputés pour leurs plats de poissons, mais, comme pour toute la cuisine indienne, chaque région possède ses propres saveurs et modes de préparation. Ainsi, si la noix de coco fraîche parfume les plats de Goa et du Kerala, l'huile et les graines de moutarde y sont associées au Bengale.

Les Bengalis, considérés comme les meilleurs cuisiniers de poissons et fruits de mer, consomment du poisson et du riz une ou deux fois par jour. La castagnole au yaourt pimenté (voir p. 189) est un plat populaire servi à Calcutta, où le marché coloré de Bag Bazaar fournit en produits frais les cuisiniers de la mégapole. Les pakora de poisson (voir p. 190), frits dans une pâte à la farine de pois chiche, sont des chaat à déguster dans les gargotes installées autour du marché – ils sont servis en apéritif avec un chutney de coriandre (voir p. 245) –, et, pour une recette simple, aussi exquise chaude qu'à température ambiante, rien n'égale le maquereau mariné (voir p. 186), grillé avec des graines d'épices entières.

Véritables icônes au Kerala, les anciens filets à poisson chinois de Fort Kochi, utilisés pour la pêche quotidienne depuis plus de six cents ans, sont devenus des attraits touristiques, et il est difficile de trouver des produits plus frais que dans les restaurants alentour. Le poisson à peine pêché y est trié, puis cuisiné et parfumé à la demande. Les moules aux graines de moutarde et aux échalotes (voir p. 177) – à savourer aussi avec de grosses crevettes – sont l'un des plats les plus rapides à cuisiner.

Pour les pêcheurs du Kerala, qui sortent au cœur de la nuit, le petit déjeuner ou le déjeuner consiste souvent en un molee, ragoût de poisson parfumé à la noix de coco le plus populaire de la région et cuit à bord avec la prise du jour. Rien n'est gaspillé, la tête et la queue du poisson étant plongées dans la marmite avec le lait de coco et les épices. Selon le goût du cuisinier, le résultat peut être doux ou brûlant. Pour un curry de la mer plus raffiné, goûtez le curry de fruits de mer goanais (voir p. 182), mélange de crevettes et de poisson blanc cuits dans un bouillon à la noix de coco crémeux et épicé, coloré au curcuma.

À Goa, chacun se doit de goûter les poissons frais cuisinés jusque tard dans la nuit dans les myriades de baraquements qui parsèment ses plages paisibles. Parmi l'immense variété de produits proposés figurent des crevettes, des moules, des castagnoles, des crabes et des homards.

Les femmes des pêcheurs ont souvent pour tâche de trier et vendre les prises du jour.

Pour un parfum de la côte de Malabar, goûtez la castagnole.

Il existe également de nombreuses recettes, notamment dans les communautés de la côte, où le poisson est cuit dans des feuilles de bananier, la version vapeur aromatique de la p. 178 appartenant à la communauté parsie de Bombay. Avant d'y être enroulé, le poisson est badigeonné d'un chutney de coriandre frais qui, lors de l'ouverture des papillotes à table, saisit les convives de ses arômes étourdissants.

La distribution de poissons spécifiquement indiens s'est développée avec la prolifération des restaurants indiens à l'étranger, et de nombreux spécimens locaux sont maintenant vendus surgelés dans les supermarchés. Pour un parfum de la côte de Malabar, goûtez la castagnole, un poisson blanc au parfum délicat assez similaire à celui de la sole, très prisé sur le sous-continent, et qui peut être grillé, frit ou cuit au four. Parmi les autres spécialités indiennes figurent le chromide vert, originaire de la côte de Malabar, et le rouget barbet, à la peau rosée chatoyante.

Quiconque ayant commandé un jour un canard de Bombay, dans un restaurant indien ou chinois, sait qu'il n'a pas ni pieds palmés ni bec plat, mais qu'il s'agit d'un minuscule poisson translucide, salé et séché sous le chaud soleil de Bombay, puis vendu comme amuse-gueule ou émietté sur les plats afin d'en exalter la saveur.

Comme partout ailleurs, les recettes indiennes reposent sur des poissons extrêmement frais, aux yeux clairs et aux branchies rouge vif, ne dégageant qu'une légère effluve marine. Tout poisson surgelé doit être consommé le jour de sa décongélation.

À droite *On achète l'espadon frais directement sur la plage.*

Au verso *Des pêcheurs remontant leurs filets sur l'une des longues plages de sable de Goa.*

evettes tandoori
tandoori jhinga

Simple et rapide à préparer, ce plat vous fera découvrir l'une des recettes typiques de gambas, servies dans les gargotes de la côte goanaise. Les locaux et les touristes qui flânent le long des plages s'y arrêtent pour déguster des poissons et des fruits de mer délicieusement frais et cuisinés le plus simplement du monde.

POUR 4 PERSONNES

4 cuill. à soupe de yaourt nature

2 piments verts frais égrenés et hachés

½ cuill. à soupe de pâte à l'ail et au gingembre (voir p. 26)

graines de 4 gousses de cardamome verte

2 cuill. à café de cumin en poudre

1 cuill. à café de purée de tomates

¼ cuill. à café de curcuma en poudre

¼ cuill. à café de sel

1 pincée de piment en poudre, idéalement du kashmiri

24 gambas crues, décongelées si surgelées, décortiquées, déveinées, avec la queue intacte

quartiers de citron ou citron vert pour servir

1 Dans un petit mixeur, un moulin à épices ou un mortier, réduisez en pâte le yaourt et les piments avec la pâte à l'ail et au gingembre. Transférez-la dans un grand saladier non métallique et incorporez les graines de cardamome, le cumin, la purée de tomates, le curcuma, le sel et le piment en poudre*

2 Ajoutez les gambas et mélangez à la main afin de bien les napper de marinade. Couvrez d'un film étirable, puis laissez-les reposer 30 min, ou jusqu'à 4 h au réfrigérateur.

3 Au moment de la cuisson, faites chauffer une *tava* (tôle circulaire à fond épais) ou une poêle à frire sur feu très vif. Lorsqu'elle est brûlante, huilez-la à l'aide d'un papier absorbant froissé ou d'un pinceau à dorer.

4 À l'aide de pinces, retirez les crevettes de la marinade en laissant s'écouler dans le saladier un éventuel excès, puis saisissez-les rapidement (environ 2 min) dans la poêle. Retournez-les et poursuivez la cuisson de 1 à 2 min, jusqu'à ce qu'elles soient roses et totalement opaques quand vous les coupez, et qu'elles se retroussent légèrement. Servez-les aussitôt, accompagnées de quartiers de citron ou de citron vert.

* le truc du cuisinier

La préparation au yaourt épicée utilisée ici peut également constituer une excellente marinade pour des brochettes de poisson tandoori. Coupez 750 g de filets épais de poisson blanc ayant la consistance d'une viande (morue, flétan ou lotte) en dés de 4 cm et placez-les dans la marinade avec 12 ou 16 grosses crevettes décortiquées et déveinées. Laissez-les mariner de 30 min à 4 h. Au moment de la cuisson, préchauffez le gril (entre modéré et fort) ou faites chauffer le barbecue jusqu'à obtention de braises grises. Enfilez le poisson et les gambas sur six longues piques métalliques plates graissées en les alternant avec des morceaux de poivrons rouges ou verts blanchis et/ou des champignons de Paris. Passez-les environ 15 min au gril, en les retournant et en les badigeonnant régulièrement de marinade restante, jusqu'à ce que le poisson s'émiette et que ses contours se calcinent très légèrement.

moules aux graines de moutarde et aux échalotes

tissario kadugu

Les moules fraîches empilées dans des paniers sont une vision courante de la côte sud de Malabar. Le long du port de Cochin, des plats rapides, parfumés et colorés au curcuma comme celui-ci, sont servis dans les restaurants en plein air installés face aux pittoresques filets de pêche chinois.

POUR 4 PERSONNES

2 kg de moules dans leurs coquilles

3 cuill. à soupe d'huile d'arachide ou de toute huile végétale

½ cuill. à soupe de graines de moutarde noires

8 échalotes hachées

2 gousses d'ail écrasées

2 cuill. à soupe de vinaigre distillé

4 petits piments rouges frais

85 g de crème de coco dissoute dans 300 ml d'eau bouillante

10 feuilles de curry fraîches ou 1 cuill. à soupe de feuilles séchées

½ cuill. à café de curcuma en poudre

de ¼ à ½ cuill. à café de piment en poudre

sel

1 Triez les moules. Éliminez celles dont la coquille est cassée et celles qui sont ouvertes. Grattez-les, nettoyez-les sous l'eau froide et, si nécessaire, ébarbez-les à l'aide d'un couteau. Réservez-les.

2 Sur feu moyen, faites chauffer l'huile dans un *kodai*, un wok ou une grande poêle, et faites frire les graines de moutarde environ 1 min en tournant, jusqu'à ce qu'elles commencent à sauter.

3 Faites ensuite revenir 3 min les échalotes et les gousses d'ail. Incorporez le vinaigre, les piments entiers, la noix de coco dissoute, les feuilles de curry, le curcuma, le piment en poudre et 1 pincée de sel, puis portez à ébullition en brassant.

4 Réduisez le feu au minimum. Plongez les moules dans le bouillon et laissez-les mijoter de 3 à 4 min à couvert, en secouant régulièrement la cocotte. Lorsqu'elles sont ouvertes (jetez toutes celles qui sont restées fermées), transférez-les dans des bols. Goûtez le bouillon*, ajoutez du sel si nécessaire, puis versez-le sur les moules et servez aussitôt.

* le truc du cuisinier

À l'étape n° 4, goûtez le bouillon jaune vif avant d'y ajouter les moules (si celles-ci sont sablonneuses, passez-les dans un tamis garni de mousseline ou de papier absorbant). Les moules doivent être cuites le jour de l'achat. Jetez impérativement celles qui ne se ferment pas si vous les tapotez lorsqu'elles sont crues, et celles qui ne s'ouvrent pas lorsqu'elles sont cuites.

poisson vapeur au chutney de coriandre
paatrani machchi

Les nombreux canaux paisibles du Kerala sont frangés d'élégants cocotiers dont les feuilles sont utilisées pour la cuisson et la présentation des plats. Ici, des feuilles de bananier vertes et brillantes enrobent des filets de poisson frais garnis d'un chutney qui permet de conserver leur humidité pendant la cuisson. Lorsque vous les ouvrez, les parfums flamboyants de l'Inde du Sud qui s'en échappent sont un véritable enchantement.

POUR 4 PERSONNES

1 portion de chutney de coriandre (voir p. 245)

1 grosse feuille de bananier fraîche*

huile d'arachide ou de toute huile végétale

4 filets de poisson blanc, comme la castagnole ou la sole, d'environ 140 g chacun

sel et poivre

quartiers de citron ou citron vert pour servir

1 Préparez le chutney de coriandre au moins 2 h à l'avance, afin de permettre aux parfums de bien se mélanger.

2 Pendant ce temps, découpez la feuille de bananier en quatre carrés assez larges (d'environ 25 cm de côté) pour être facilement repliés autour du poisson et constituer des papillotes hermétiques.

3 Préparez une papillote à la fois : huilez très légèrement la surface de l'un des carrés de feuille de bananier, placez un filet de poisson en son centre, sur la face huilée et chair vers le haut, garnissez-le d'environ un quart du chutney à la coriandre, puis salez et poivrez.

4 Rabattez les bords de la feuille sur le poisson. Faites pivoter le tout d'un quart de tour, puis rabattez fermement les deux derniers côtés. Coupez les rebords si la papillote vous paraît trop grande.

5 Fermez-la à l'aide de piques à cocktail. Renouvelez l'opération avec les ingrédients restants. Les papillotes se conserveront plusieurs heures au frais.

6 Pour la cuisson, placez le panier d'un cuiseur vapeur (assez large pour y disposer les papillotes en une seule couche) au-dessus d'une eau bouillante, en veillant à ce qu'elle n'atteigne pas le poisson, puis faites cuire les papillotes 15 min à l'étuvée. Pour savoir si le poisson est cuit et s'émiette facilement, ouvrez-en une.

7 Servez les papillotes fermées avec des quartiers de citron vert ou jaune, et laissez chaque convive ouvrir la sienne afin d'en libérer les merveilleux arômes.

* le truc du cuisinier

Les feuilles de bananier sont en vente au rayon frais de nombreuses épiceries asiatiques. Une grande feuille doit suffire pour constituer les quatre carrés requis, mais il est possible que vous soyez obligé d'en acheter deux. Si vous n'en trouvez pas, utilisez du papier d'aluminium, face brillante sur le dessus. Veillez simplement à bien sceller ses rebords afin que les jus parfumés ne s'écoulent pas pendant la cuisson.

Les carrés de feuilles de bananier se plient plus facilement si vous les avez fait tremper au préalable rapidement dans un saladier d'eau très chaude afin de les assouplir. Il suffit ensuite de les sécher parfaitement avant de les badigeonner d'huile, à l'étape n° 3.

curry de poisson balti
machchli masala

Ce plat est destiné à tous ceux qui préfèrent les saveurs profondes évocatrices de l'Inde du Nord aux parfums du Sud, dominés par la noix de coco.

POUR 4 À 6 PERSONNES

900 g de filets de poisson épais, comme la lotte, le mulet, la morue ou le haddock, rincés et coupés en gros morceaux

2 feuilles de laurier déchirées

140 g de ghee (voir p. 253) ou 150 ml d'huile d'arachide ou de toute huile végétale

½ cuill. à soupe de sel

2 gros oignons hachés

150 ml d'eau

coriandre fraîche ciselée pour garnir

pour la marinade

½ cuill. à soupe de pâte à l'ail et au gingembre (voir p. 26)

1 piment vert frais égrené et haché

1 cuill. à café de coriandre en poudre

1 cuill. à café de cumin en poudre

½ cuill. à café de curcuma en poudre

de ¼ à ½ cuill. à café de piment en poudre

sel

1 cuill. à soupe d'eau

1 Préparez la marinade : dans un saladier, mélangez la pâte à l'ail et au gingembre, le piment vert, la coriandre, le cumin, le curcuma et le piment en poudre. Salez. Versez ensuite l'eau dans cette préparation, jusqu'à obtention d'une pâte liquide. Plongez-y les morceaux de poisson avec les feuilles de laurier et laissez reposer de 30 min à 4 h au réfrigérateur.

2 Sortez le poisson du réfrigérateur 15 min avant la cuisson. Faites fondre le ghee dans un *kodai*, un wok ou une grande poêle sur feu moyen, puis, après l'avoir saupoudré de sel, faites revenir l'oignon 8 min en tournant jusqu'à ce qu'il soit doré et translucide*.

3 Ajoutez délicatement le poisson et les feuilles de laurier. Versez l'eau par-dessus, portez à ébullition, puis réduisez le feu et poursuivez la cuisson de 4 à 5 min, en nappant bien le poisson de sauce. Brassez délicatement, jusqu'à ce qu'il soit cuit (sa chair doit alors s'émietter facilement). Rectifiez l'assaisonnement selon votre goût et servez, décoré de coriandre ciselée.

* le truc du cuisinier

Si les oignons cuisent trop longtemps à l'étape n° 2, le plat développera un goût amer. Lorsque vous incorporez le poisson, ils doivent être blonds dorés, sans noircir.

182

curry de fruits de mer goanais
goa che nalla chi kadi

Avec ses graines de moutarde, ses feuilles de curry et sa sauce à la noix de coco crémeuse, ce plat simple et rapide pourrait être originaire de n'importe région d'Inde du Sud, et pas uniquement de Goa. Située sur la côte ouest, cette enclave tropicale est pourtant le royaume de la noix de coco : sa chair et son eau y sont utilisées dans les plats sucrés et salés, et ses coquilles sculptées sont vendues comme souvenirs auprès des touristes.

POUR 4 À 6 PERSONNES

3 cuill. à soupe d'huile d'arachide ou de toute huile
   végétale

1 cuill. à soupe de graines de moutarde noires

12 feuilles de curry fraîches ou 1 cuill. à soupe
   de feuilles séchées

6 échalotes hachées finement*

1 gousse d'ail écrasée

1 cuill. à café de curcuma en poudre

½ cuill. à café de coriandre en poudre

de ¼ à ½ cuill. à café de piment en poudre

140 g de crème de coco solide râpée et dissoute dans
   300 ml d'eau bouillante

500 g de poisson blanc désarêté sans la peau, comme
   de la lotte ou de la morue, coupé en gros morceaux

450 g de grosses crevettes crues, décortiquées
   et déveinées

le jus et le zeste de 1 citron vert râpé finement

sel

quartiers de citron vert pour servir

1 Faites chauffer l'huile dans un *kodai*, un wok ou une grande poêle sur feu vif, et faites frire les graines de moutarde environ 1 min en tournant, jusqu'à ce qu'elles commencent à sauter. Incorporez les feuilles de curry.

2 Poursuivez la cuisson 5 min avec les échalotes et l'ail. Lorsque les échalotes sont bien dorées, ajoutez le curcuma, la coriandre et le piment en poudre et continuez de brasser environ 30 s.

3 Versez la crème de coco dissoute. Portez à ébullition, puis laissez cuire sur feu modéré 2 min supplémentaires, sans cesser de mélanger.

4 Réduisez le feu. Incorporez le poisson, laissez-le mijoter 1 min en le nappant de sauce et en tournant délicatement, puis ajoutez les crevettes. Faites cuire de 4 à 5 min supplémentaires sur feu doux, le temps que la chair du poisson s'émiette et que les crevettes rosissent et se retroussent légèrement.

5 Ajoutez la moitié du jus de citron vert, goûtez et, selon votre goût, augmentez la quantité de jus et de sel. Servez garni de zeste de citron vert, avec des quartiers de citron vert autour du bol.

* le truc du cuisinier

Peler de grosses quantités d'échalotes peut s'avérer long et délicat. Cette tâche s'effectuera beaucoup plus rapidement si vous les plongez de 30 à 45 s dans une casserole d'eau bouillante. Il suffit ensuite de bien les égoutter, puis, à l'aide d'un couteau, de couper leur racine : elles s'éplucheront alors très facilement.

galettes de pain aux crevettes
jhinga puri

Ce grand classique des restaurants indiens est très facile à reproduire, en veillant toutefois à laisser la pâte reposer 20 min avant la friture des galettes de pain. Servez cette recette comme entrée ou comme plat principal ; vous pouvez également préparer de minigalettes de pain et utiliser la préparation aux crevettes comme sauce.

POUR 6 PERSONNES

2 cuill. à café de graines de coriandre

½ cuill. à café de grains de poivre noir

1 grosse gousse d'ail écrasée

1 cuill. à café de curcuma en poudre

de ¼ à ½ cuill. à café de piment en poudre

½ cuill. à café de sel

40 g de ghee (voir p. 253) ou 3 cuill. à soupe d'huile d'arachide ou de toute huile végétale

1 oignon râpé

800 g de tomates en boîte écrasées

1 pincée de sucre

500 g de petites crevettes cuites décortiquées (décongelées si surgelées)

½ cuill. à café de garam masala (voir p. 251), plus pour garnir

½ quantité de galettes de pain* (voir p. 240) conservées au chaud

coriandre fraîche pour garnir

1 Dans un petit mixeur, un moulin à épices ou un mortier, réduisez en pâte épaisse les graines de coriandre, les grains de poivre, l'ail, le curcuma, le piment en poudre et le sel.

2 Faites fondre le ghee dans un *kodai*, un wok ou une grande poêle sur feu moyen, puis faites frire la pâte sans cesser de tourner, environ 30 s.

3 Ajoutez l'oignon râpé, brassez 30 s supplémentaires. Incorporez ensuite les tomates avec leur jus et le sucre, et portez à ébullition sans cesser de mélanger. Laissez cuire 10 min à gros bouillons en écrasant les tomates sur les rebords de la poêle afin de les briser, jusqu'à ce qu'elles réduisent. Goûtez et salez si nécessaire.

4 Poursuivez la cuisson avec les crevettes et le garam masala. Quand les crevettes sont chaudes, disposez les galettes de pain chaudes sur des assiettes et garnissez-les de crevettes. Pour servir, décorez de coriandre ciselée et de saupoudrez de garam masala.

* le truc du cuisinier

Les galettes de pain étant meilleures chaudes, il peut être préférable d'utiliser deux poêles lorsque vous êtes nombreux. De texture riche et légère, elles constituent l'accompagnement traditionnel de ce plat, mais peuvent parfaitement être remplacées par des chapati ou des naan, plus pratiques si vous voulez éviter une friture de dernière minute.

maquereau mariné
bhangde lonchen

Un plat rapide et croustillant, aussi délicieux servi chaud qu'à température ambiante.

POUR 4 PERSONNES

huile d'arachide ou toute huile végétale

le jus et le zeste de 1 citron vert râpé finement

sel et poivre

4 gros filets de maquereau, d'environ 175 g chacun*

1½ cuill. à café de graines de cumin

1½ cuill. à café de graines de moutarde noires

1½ cuill. à café de graines de nigelle

1½ cuill. à café de graines de fenouil

1½ cuill. à café de graines de coriandre

4 cm de racine de gingembre frais haché
   très finement

1½ gousse d'ail hachée très finement

3 échalotes hachées très finement

1 pincée de piment en poudre

piments rouges frais égrenés, tranchés très finement
   pour garnir

quartiers de citron vert pour servir

1 Dans un saladier non métallique (assez grand pour pouvoir y disposer tous les filets de maquereau en une seule couche), mélangez 2 cuill. à soupe d'huile, le zeste et le jus de citron vert, le sel et le poivre, puis, à la main, nappez le maquereau de cette marinade. Réservez au moins 10 min, ou laissez reposer jusqu'à 4 h au réfrigérateur et à couvert.

2 Pendant ce temps, préchauffez le gril au maximum et huilez légèrement la grille du four.

3 Sortez les filets du réfrigérateur 15 min avant la cuisson. Placez-les sur cette grille, peau sur le dessous, et faites-les frire à environ 10 cm de la source de chaleur, pendant 6 min, ou jusqu'à ce que leur chair s'émiette et soit parfaitement cuite lorsque vous la percez de la pointe d'un couteau.

4 Pendant la cuisson du maquereau, faites chauffer 2 cuill. à soupe d'huile dans un *kodai,* un wok ou une grande poêle sur feu moyen, et faites frire les graines de cumin, de moutarde noire, de nigelle, de fenouil et de coriandre, en tournant jusqu'à ce que les graines de moutarde commencent à sauter, et celles de coriandre et de cumin à dorer. Retirez aussitôt la poêle du feu. Incorporez le gingembre, l'ail, les échalotes et le piment en poudre, et continuez de brasser 1 min.

5 Transférez les filets de maquereau sur des assiettes et nappez-les de préparation aux épices. Servez garni de piments rouges et accompagné de quartiers de citron vert.

* le truc du cuisinier

Le parfum épicé de cette recette se mariant avec tout type de poisson gras, vous pouvez également la préparer avec du hareng, du saumon ou du thon.

castagnole au yaourt pimenté
dahi pamplet

Au Bengale, d'où est originaire ce plat à base de castagnole, les produits de la mer jouent un rôle majeur dans le régime quotidien. Avec son parfum savoureux et sa texture délicate, ce poisson est l'un des bijoux de la cuisine indienne. Il se trouve aujourd'hui dans la plupart des grands supermarchés, mais peut être remplacé par du carrelet ou de la sole.

POUR 4 PERSONNES

2 cuill. à soupe d'huile d'arachide ou de toute huile végétale

1 gros oignon tranché

4 cm de racine de gingembre frais haché finement

½ cuill. à café de sel

¼ cuill. à café de curcuma en poudre

1 pincée de cannelle en poudre

1 pincée de clous de girofle en poudre

200 ml de yaourt nature

sel et poivre

1 cuill. à soupe de farine sans levure

1 petite pincée de piment en poudre

4 filets de castagnole sans la peau, d'environ 150 g chacun, séchés

30 g de ghee (voir p. 253) ou 2 cuill. à soupe d'huile d'arachide ou de toute huile végétale

2 gros piments verts frais égrenés et hachés finement

1 Faites chauffer l'huile dans une poêle sur feu moyen et faites revenir l'oignon 8 min en tournant, jusqu'à ce qu'il devienne translucide et prenne une couleur brun doré. Poursuivez la cuisson 1 min avec le gingembre.

2 Incorporez le sel, le curcuma, la cannelle et les clous de girofle. Continuez de brasser 30 s, puis retirez la poêle du feu et incorporez le yaourt par petites quantités, sans cesser de battre.

3 Passez cette préparation au mixeur jusqu'à obtention d'une pâte homogène.

4 Salez et poivrez la farine, relevez-la de piment. Saupoudrez-la sur un plat et passez-y les filets.

5 Faites fondre le ghee dans la poêle sur feu moyen. Quand il rissole, réduisez le feu et disposez les filets de poisson. Faites-les frire 2½ min, puis retournez-les.

6 Poursuivez la cuisson 1 min sur l'autre face. Versez dessus la sauce au yaourt et faites-la réchauffer. Une fois les filets cuits et la sauce chaude, transférez-les sur des assiettes et servez, saupoudré de piment.

Les poissons sont pêchés sur les côtes est et ouest du pays, ainsi que dans les rivières et canaux qui le parsèment.

190

pakora de poisson
machchli pakora

Après une promenade matinale dans les méandres de l'ancienne ville de Cochin, dans la province du Kerala, rien n'est plus relaxant que d'aller savourer des pakora frits, cuisinés sous vos yeux sur le marché du port. Parfaits pour un repas familial rapide, ils peuvent également être servis en collation, accompagnés de boissons.

POUR 4 À 6 PERSONNES

½ cuill. à café de sel

2 cuill. à soupe de jus de citron ou de vinaigre
   blanc distillé

poivre

700 g de filets de poisson blanc sans la peau
   (morue, flétan ou lotte), rincés, séchés et coupés
   en gros morceaux

huile d'arachide ou toute huile végétale pour friture

quartiers de citron pour servir

pour la pâte

140 g de farine de pois chiche

graines de 4 gousses de cardamome verte

1 grosse pincée de curcuma en poudre

1 grosse pincée de bicarbonate de soude

le zeste de 1 citron râpé finement

sel et poivre

175 ml d'eau

1 Mélangez le sel, le jus de citron et le poivre, badigeonnez le poisson de cette préparation et laissez-le mariner de 20 à 30 min dans un saladier non métallique.

2 Pendant ce temps, préparez la pâte* : dans un saladier, mélangez la farine de pois chiche avec les graines des gousses de cardamome, le curcuma, le bicarbonate de soude et le zeste de citron. Salez et poivrez. Pratiquez un puits au centre, puis versez l'eau progressivement dans cette préparation jusqu'à obtention d'une pâte ayant la consistance d'une crème fraîche liquide.

3 Plongez-y délicatement les morceaux de poisson, en prenant soin de ne pas les briser.

4 Faites chauffer l'huile de friture dans un *kodai*, un wok, une friteuse ou une grande poêle à fond épais jusqu'à une température de 180 °C, ou jusqu'à ce qu'un dé de pain brunisse en 30 s. Retirez le poisson de la pâte (en laissant tout éventuel excès s'écouler dans le saladier), et faites frire les pakora de 2½ min à 3 min environ, en plusieurs fois si nécessaire, et en évitant de surcharger la poêle.

5 Dès qu'ils sont bien dorés, retirez-les à l'aide d'une écumoire et égouttez-les sur du papier absorbant. Renouvelez l'opération avec la pâte et le poisson restants, puis servez chaud avec des quartiers de citron.

* le truc du cuisinier

Il est possible de préparer la pâte plusieurs heures à l'avance, puis de la conserver, couverte d'un film étirable. Mélangez-la bien avant utilisation en l'allongeant avec un peu d'eau si elle est trop épaisse – sinon, elle ne cuirait pas autour du poisson.

DESSERTS
ET BOISSONS

Assez ironiquement, les Indiens, réputés à travers le monde pour leur amour de la cuisine sucrée, ne consomment en réalité que peu de desserts, leurs repas quotidiens s'achevant le plus souvent sur une assiette de fruits saisonniers. En revanche, ils adorent le séduisant éventail coloré des friandises vendues dans les nombreux *mithai,* ou confiseries, notamment dans les villes surpeuplées.

Les confiseries bandalies sont réputées, et, à Calcutta, la vie quotidienne passe nécessairement par une visite à un *mithai,* où l'opulence des myriades de douceurs proposées est souvent magnifiée par les décorations au varak, ou feuille d'argent.

Pour les mariages, anniversaires et fêtes religieuses, les desserts sucrés abondent, les plus connus étant à base de produits laitiers ou frits dans du ghee.

Au premier regard, certains des desserts indiens les plus populaires ressemblent aux desserts occidentaux, mais il suffit de lire les recettes pour découvrir leur spécificité. Originaire du Nord, le kheer (voir p. 200), gâteau de riz traditionnel parfumé à la cardamome, est garni de pistaches, parfois de varak, en souvenir des grands banquets moghols. Cuit à petit feu, il est beaucoup plus riche et sucré que tous nos gâteaux de riz, et fait souvent partie des repas de fêtes, le dieu Rama ayant, selon la légende, été conçu après que sa mère en eut goûté une portion divine.

Alors que les gâteaux au pain européens constituent des desserts familiaux, le pudding au pain indien (*shahi tukda,* voir p. 206) – frit dans du ghee et parfumé à la cardamome et au safran comme à la cour moghole –, trop riche pour être consommé régulièrement, est réservé aux grandes occasions.

De la même façon, si la cuisine européenne utilise la saveur sucrée des carottes et des panais pour parfumer ses desserts depuis le Moyen Âge, aucun ne s'est jamais rapproché des riches et substantielles carottes halva (voir p. 203), originaires du Pendjab et du Gujerat. Rehaussé de cardamome et de pistaches, cet incontournable des mariages hindous et sikhs, généralement décoré de feuilles d'argent, peut être servi chaud ou froid, avec ou sans crème ou glace. Au Gujerat, les carottes locales, d'un rouge orangé profond, lui confèrent la couleur intense d'un bijou.

Et pour une élégance raffinée, peu de desserts surpassent la crème de yaourt à la grenade (voir p. 207), dont le nom *shrikhand* pourrait se traduire par «ambroisie des dieux». Les parfums subtils de la cardamome et du safran transforment ce dessert pourtant économique en un mets de choix. Au Maharashtra, il s'accompagne traditionnellement de galettes de pain (voir p. 240) tout juste frits, mais il est également délicieux avec des fruits tropicaux tels que la mangue, le fruit de la Passion, le melon, la banane ou même des bananes plantains plus ordinaires.

Autre dessert économique, mais à la saveur extravagante, le payasam (voir p. 201), originaire du Sud, est composé de nouilles vermicelles, semblables aux «cheveux d'ange» italiens, et mijotées avec des amandes et des noix de cajou dans du lait sucré. Pendant le ramadan, il fait souvent partie du dîner quotidien sonnant la fin du jeûne.

Le kulfi, glace indienne traditionnellement préparée dans de hauts moules coniques, est apprécié des jeunes et des moins jeunes à travers le pays, et s'il est rare de trouver une personne qui n'apprécie pas cette

glace sucrée, il est tout aussi difficile d'en trouver une qui la réalise. En dépit d'une recette simplissime, il est en effet encore plus pratique d'aller l'acheter dans l'une des multiples échoppes qui la proposent dans tous les parfums imaginables. Goûtez sa version au safran et aux amandes (voir p. 204).

En Inde, les boissons alcoolisées sont rares lors des repas, à l'exception, peut-être, de la bière indienne glacée. Certains États interdisent la vente d'alcool, et, si celle-ci est autorisée, les vins et spiritueux étrangers sont si lourdement taxés qu'ils font rapidement figure de luxe, y compris pour les touristes des cinq étoiles. Si vous en trouvez, le vin pétillant du Maharashtra se marie très bien avec de nombreux plats épicés. Plus traditionnellement,

À gauche Un confiseur à l'œuvre dans son échoppe, à Mysore, province de Karnataka.

Au verso Ces femmes en sari assistent à l'une des nombreuses fêtes religieuses célébrées à travers le pays.

Il est rare de trouver une personne qui n'apprécie pas cette glace sucrée.

vous pouvez goûter un lassi salé (voir p. 212), boisson à l'eau et au yaourt, semblable à un raïta liquide. Et, par une chaude journée d'été, rien n'est plus rafraîchissant qu'un lassi à la mangue (voir p. 213), ou un cordial au gingembre (voir p. 217), à la saveur aigre relevée d'une pointe de citron. Les Indiens sont également de grands consommateurs de thé et le thé masala (voir p. 214), parfumé aux épices entières, est un grand classique quotidien. Noir ou au lait, il est toujours servi chaud, mais vous pouvez également le consommer glacé : il étanche alors merveilleusement la soif. Riche et épais, servi dans de petits verres, le milk-shake aux pistaches et aux amandes (voir p. 216) peut être assimilé à une forme liquide du kulfi.

Le kheer, qui est l'un des desserts les plus populaires en Inde, apparaît sur tous les menus des restaurants et lors de la plupart des repas de mariage ou de fêtes religieuses, hindoues ou musulmanes. Riche et crémeux, ce délice originaire du Nord peut être servi chaud ou froid, épais ou très liquide – dans ce cas, le riz flotte dans le lait –, ou parfumé d'épices et de fruits divers. Si vous désirez exalter sa saveur, vous pouvez y ajouter de l'ananas ou de la mangue tranchée, comme dans cette version froide, légèrement épicée.

POUR 4 À 6 PERSONNES

85 g de riz basmati

1 litre de lait

graines de 4 gousses de cardamome verte

1 bâton de cannelle

100 g de sucre en poudre

pour servir

sucre jaggery râpé ou sucre brun (facultatif)

pistaches grillées hachées (facultatif)

1 Rincez le riz plusieurs fois jusqu'à ce que l'eau de rinçage soit claire. Faites-le ensuite tremper 30 min, égouttez-le bien, puis réservez-le jusqu'à la cuisson.

2 Rincez la cocotte à l'eau froide et versez-y le lait sans la sécher. Ajoutez les graines de cardamome et le bâton de cannelle, puis incorporez le riz et le sucre.

3 Portez lentement à ébullition sur feu moyen, sans cesser de tourner. Réduisez le feu au minimum et laissez mijoter en continuant de brasser régulièrement, pendant environ 1 h, ou jusqu'à ce que le riz cuise et que la préparation au lait épaississe. Une fois le riz cuit, vous pouvez augmenter la quantité de lait si vous souhaitez un gâteau à la texture liquide, proche de celle d'une soupe, ou au contraire le laisser mijoter plus longtemps, si vous le préférez plus épais.

4 Répartissez-le dans des bols, saupoudré de sucre jaggery si vous le servez chaud, ou transférez-le dans un saladier et laissez-le refroidir complètement, en brassant souvent ; laissez-le ensuite reposer à couvert au réfrigérateur jusqu'au moment de servir, puis transférez-le dans des bols et garnissez-le de pistaches*.

* le truc du cuisinier

Pour transformer ce gâteau en véritable dessert de fête, décorez-le de feuille d'argent.

payasam
payasam

Ce dessert lacté indien classique se réalise avec des nouilles de blé très fines, appelées sevian.

POUR 4 À 6 PERSONNES

30 g de ghee (voir p. 253) ou 2 cuill. à soupe d'huile
  d'arachide ou de toute huile végétale

175 g de nouilles sevian ou de vermicelles,
  cassées en tronçons de 7,5 cm

40 g d'amandes ou de noix de cajou

1 litre de lait

55 g de crème de coco

6 cuill. à soupe de sucre en poudre

2 cuill. à soupe de raisins secs

1 pincée de sel

1 Faites fondre le ghee dans un *kodai*, un wok ou une grande poêle* sur feu modéré, puis faites dorer légèrement les nouilles en tournant, de 1 à 2 min. Retirez-les à l'aide d'une écumoire et réservez-les.

2 Ajoutez les amandes ou les noix. Continuez de brasser jusqu'à ce qu'elles commencent à dorer et incorporez immédiatement le lait, la crème de coco, le sucre, les raisins et le sel.

3 Remettez les nouilles dans la poêle, portez le lait à ébullition, puis réduisez le feu et laissez mijoter sans couvrir, en tournant presque constamment, pendant environ 30 min, ou jusqu'à ce que les nouilles cuisent et que le lait réduise. Goûtez et ajoutez du sucre si vous le désirez.

* le truc du cuisinier

Si vous n'avez pas de *kodai* ou de wok, utilisez votre plus grande poêle (plus elle sera grande, plus le lait réduira rapidement) à fond épais (sinon, il risque d'attacher et de brûler).

carottes halva
gajar ka halwa

Voici un exemple typique des desserts très sucrés si prisés des Indiens. Originaire du Pendjab et d'Inde du Nord, ce plat de carottes riche et consistant peut se déguster chaud ou froid. En hiver, les carottes sont souvent servies chaudes, accompagnées de glace.

POUR 4 À 6 PERSONNES

700 ml de lait

150 ml de crème fraîche liquide

500 g de carottes grossièrement râpées

85 g de sucre en poudre

1 cuill. à soupe de sucre brun foncé

55 g de ghee (voir p. 253) ou de beurre fondu

100 g d'amandes en poudre

graines de 6 gousses de cardamome verte,
  légèrement écrasées

3 cuill. à soupe de raisins secs

pour décorer

amandes et pistaches grillées blanchies
  et grossièrement hachées

feuille d'argent (facultatif)*

1 Rincez une grande cocotte en fonte à l'eau froide, puis versez-y le lait et la crème sans la sécher. Jetez-y les carottes et portez lentement à ébullition sur feu vif en tournant.

2 Réduisez le feu au minimum. Poursuivez alors la cuisson 2 h, en continuant de brasser régulièrement jusqu'à ce que le lait soit en grande partie évaporé et que les carottes aient épaissi.

3 Incorporez le sucre en poudre et le sucre brun. Tournez presque constamment pendant 30 min pour éviter que la préparation n'attache.

4 Ajoutez le ghee, les amandes, la cardamome et les raisins. Laissez cuire à petit feu en continuant à mélanger jusqu'à ce que la préparation épaississe et qu'une fine couche de ghee se forme à sa surface.

5 Brassez bien, puis transférez ce gâteau sur un plat. Garnissez-le de pistaches et d'amandes et, si vous le désirez, de fines particules de feuille d'argent.

* le truc du cuisinier

En Inde, pour les mariages et autres grandes occasions, les gâteaux sont décorés de fines particules de feuilles d'argent comestibles, appelées *varak*. Vendues dans les épiceries indiennes, celles-ci sont très simples à utiliser. Chaque feuille est doublée de papier ; il suffit de placer sa face argentée sur le gâteau, puis, à l'aide d'un pinceau, de tapoter légèrement le papier pour que l'argent y adhère aussitôt (évitez de le toucher avec les doigts, car il s'y déposerait immédiatement).

Les fruits et les légumes jouent un rôle majeur dans la cuisine indienne.

...lfi au safran et aux amandes
kesar badaam kulfi

Les parfums du kulfi, la fameuse glace indienne, semblent infinis. Il est en effet possible d'utiliser pour leur préparation la quasi-totalité des fruits frais, des amandes, des noix et des épices. Cette version parfumée au safran mordoré évoque les desserts crémeux moghols, les anciens manuscrits décrivant un dessert semblable lors des somptueux festins de l'empereur Akbar, à la fin du XVIe siècle et au début du XVIIe siècle. En Inde, les kulfi se congèlent dans des moules coniques en métal ou en plastique, vendus en Occident dans les épiceries indiennes ; si vous n'en trouvez pas, vous pouvez les remplacer par des ramequins allant au congélateur.

POUR 4 KULFI

½ **cuill. à café de filaments de safran**

75 **ml de lait**

1 **cuill. à soupe de riz en poudre**

½ **cuill. à soupe d'amandes en poudre**

225 **ml de lait concentré en boîte**

225 **ml de crème épaisse**

2 **cuill. à soupe de sucre en poudre**

2 **cuill. à soupe d'amandes grillées blanchies et grossièrement hachées pour garnir**

1 Faites griller les filaments de safran dans une poêle à sec et sur feu vif, en les tournant souvent. Retirez-les dès que leur arôme se libère.

2 Versez le lait dans cette même poêle. Remettez les filaments de safran et poursuivez la cuisson sur feu moyen. Lorsque de petites bulles apparaissent sur les bords, retirez la poêle du feu et laissez le safran infuser au minimum 15 min. Pendant ce temps, mélangez le riz

et les amandes en poudre dans un saladier résistant à la chaleur, puis placez un moule plat dans le congélateur.

3 Réchauffez le lait et le safran jusqu'à ce que de petites bulles apparaissent sur les contours de la poêle. Incorporez ensuite délicatement cette préparation dans le riz et les amandes, en battant jusqu'à ce qu'elle soit parfaitement lisse.

4 Sur feu moyen, portez à ébullition le lait concentré en tournant. Retirez la casserole du feu, versez-y la préparation au lait, puis incorporez la crème et le sucre.

5 Remettez la poêle sur feu moyen et laissez mijoter de 5 à 10 min, sans cesser de tourner. Dès que la préparation épaissit sans bouillir, retirez-la et réservez-la, en tournant régulièrement afin de la faire refroidir.

6 Transférez-la ensuite dans le moule. Placez-la 30 min au congélateur, puis battez-la afin de briser ses cristaux de glace. Fouettez-la ensuite toutes les 30 min jusqu'à ce que la glace se solidifie. Si vous utilisez des moules à kulfi en métal, mettez-les à ce moment-là dans le congélateur.

7 Répartissez la préparation entre quatre moules à kulfi ou ramequins. Couvrez d'un couvercle ou d'un film étirable, et laissez reposer au moins 2 h au congélateur, le temps qu'elle se solidifie.

8 Pour servir, plongez un linge dans l'eau chaude, essorez-le et passez-le sur les rebords des moules ou des ramequins, et retournez ceux-ci sur des assiettes. Parsemez d'amandes grillées et servez.

206

pudding au pain indien
shahi tukda

Issu de la somptueuse cuisine moghole traditionnelle de Hyderabad, ce succulent pudding au pain est parfumé et coloré au safran.

POUR 4 À 6 PERSONNES

1 pincée de filaments de safran

150 ml de crème fraîche, plus pour servir

150 ml de lait

55 g de sucre en poudre

graines de 3 gousses de cardamome verte

½ bâton de cannelle

40 g de fruit séchés mélangés (abricots, mangues, figues) hachés finement

85 g de ghee (voir p. 253) ou 6 cuill. à soupe d'huile d'arachide ou de toute huile végétale

6 tranches de pain, sans la croûte, découpées en triangle

noix de muscade fraîchement râpée, pour garnir

1 Faites griller les filaments de safran dans une poêle à sec et sur feu vif, en tournant souvent jusqu'à ce que leur arôme se libère. Retirez-les immédiatement.

2 Dans la même poêle, faites chauffer sur feu moyen la crème, le lait, le sucre, les graines de cardamome, la cannelle et les fruits. Poursuivez la cuisson avec les filaments de safran jusqu'à l'apparition de bulles sur les bords, en tournant pour dissoudre le sucre. Ôtez la poêle du feu, puis laissez le safran infuser 15 min.

3 Entre-temps, préchauffez le four à 200 °C/Th. 6, et graissez légèrement un moule de 25 x 18 cm.

4 Sur feu moyen, faites fondre un tiers du ghee dans une grande poêle, et faites frire le plus grand nombre possible de tranches de pain, en une seule couche. Retournez-les dès qu'elles rissolent et faites-les dorer sur l'autre face. Égouttez-les ensuite sur du papier absorbant, puis renouvelez l'opération avec les tranches restantes, en ajoutant du ghee si nécessaire.

5 Disposez-les dans le moule, nappez-les de crème et des différents parfums (après avoir retiré le bâton de cannelle), puis passez-les 20 min au four, jusqu'à ce qu'elles prennent une couleur ambrée. Ensuite, laissez-les reposer quelques minutes, et râpez la noix de muscade par-dessus. Servez chaud, garni de crème glacée.

L'université et la tour de l'horloge Rajbai dominant l'Oval Maidan Park, à Bombay.

crème de yaourt à la grenade

shrikhand anaari

207

Cette recette originaire d'Inde occidentale permet de transformer un simple yaourt nature en un sublime dessert crémeux. S'il est possible d'utiliser n'importe quel fruit pour sa garniture, essayez de vous procurer les plus exotiques. Traditionnellement accompagnée de galettes de pain chaudes (voir p. 240) tout juste frites, elle est également délicieuse servie seule.

POUR 4 PERSONNES

1 litre de yaourt nature

¼ cuill. à café de filaments de safran

2 cuill. à soupe de lait

55 g de sucre en poudre

graines de 2 gousses de cardamome verte

2 grenades ou autres fruits exotiques

1 Garnissez un tamis d'une mousseline (suffisamment large pour qu'elle retombe sur les côtés), et placez ce tamis au-dessus d'un saladier. Déposez-y le yaourt. Ramenez les quatre coins de la mousseline par-dessus, nouez fermement et laissez le yaourt s'égoutter 4 h, jusqu'à ce que l'excès de liquide se soit écoulé.

2 Faites griller les filaments de safran dans une poêle à sec et sur feu vif en tournant, puis retirez-les dès que leur arôme se libère. Versez le lait dans cette même poêle, remettez les filaments de safran et faites chauffer le tout jusqu'à ce que de petites bulles apparaissent sur les bords. Réservez et laissez infuser.

3 Une fois le yaourt épaissi et crémeux, transférez-le dans un saladier. Incorporez le sucre, les gousses de cardamome et le lait safrané, battez jusqu'à ce qu'il devienne lisse, puis goûtez et ajoutez du sucre selon votre goût. Laissez reposer 1 h au réfrigérateur et à couvert (le yaourt doit alors être parfaitement froid).

4 Pendant ce temps, préparez les grenades : coupez les fruits en deux et retirez les graines.

5 Pour servir, dressez le yaourt dans des bols ou sur des assiettes, garni de graines de grenade*.

** le truc du cuisinier*

Pour un dessert plus usuel, ne mettez ni safran ni gousses de cardamome, mais parfumez le yaourt épaissi avec du sucre, du gingembre et de la cannelle en poudre, ou garnissez-le de rondelles de bananes ou d'oranges. Il est également délicieux parfumé de graines de vanille et de sucre.

Au verso Une femme assise au bord du Gange, à Bénarès, dans la province d'Uttar Pradesh.

210

salade de fruits épicée
phal ki chaat

De simples fruits frais constituent souvent une alternative agréable et légère aux desserts indiens traditionnels. Cette salade de fruits rafraîchissante, légèrement épicée, peut se réaliser avec tous les types de fruits, sa saveur augmentant avec leur diversité. Elle est idéale pour conclure un repas épicé.

POUR 4 À 6 PERSONNES

le jus et le zeste de 1 citron vert râpé finement

450 g de fruit frais (bananes, goyaves, oranges, kumquats, mangues, melons et ananas*)

yaourt pour servir

pour le sirop épicé

250 g de sucre en poudre

150 ml d'eau

1 gousse de vanille entière, tranchée dans le sens de la longueur

1 bâton de cannelle cassé en deux

½ cuill. à café de graines de fenouil

½ cuill. à café de grains de poivre noir légèrement concassés

½ cuill. à café de graines de cumin

1 Commencez par préparer le sirop épicé : dans une petite casserole à fond épais, portez lentement à ébullition sur feu moyen le sucre, la moitié de l'eau, la gousse de vanille, le bâton de cannelle, les graines de fenouil, les grains de poivre et les graines de cumin, en tournant pour dissoudre le sucre. Cessez de tourner dès qu'il bouillonne, et laissez le sirop prendre une belle couleur dorée.

2 Ajoutez alors l'eau restante, en prenant soin de vous écarter pour éviter les projections. Mélangez à nouveau afin de dissoudre le caramel, puis retirez la casserole du feu, et laissez le sirop refroidir légèrement.

3 Pendant ce temps, mettez le zeste et le jus de citron vert dans un grand saladier résistant à la chaleur. Préparez et coupez chaque fruit comme indiqué ci-après, puis transférez-les dans le saladier. Si vous utilisez des bananes, plongez-les immédiatement dans le jus de citron vert pour qu'elles ne noircissent pas.

4 Nappez les fruits de sirop et laissez-les refroidir complètement. Placez ensuite le saladier au réfrigérateur et laissez reposer 1 h avant de servir. Accompagnez cette salade de fruits de yaourt épais et crémeux.

* le truc du cuisinier

Si vous utilisez des oranges, de l'ananas et tout autre fruit à jus, coupez-les au-dessus du saladier afin de recueillir le maximum de jus, et pressez leurs membranes et leurs pelures pour en extraire du jus supplémentaire.

lassi salé
namkeen lassi

«Lassi salé ou sucré?» C'est la question à laquelle chacun, en Inde, ne cesse de répondre. Très populaire, cette boisson au yaourt glacée est omniprésente, des plus grands hôtels aux plus humbles gargotes de plage. Pendant les repas, beaucoup d'Indiens les préfèrent à une bière ou à du vin.

POUR 4 À 6 LASSI
700 ml de yaourt nature
½ cuill. à café de sel
¼ cuill. à café de sucre
250 ml d'eau froide
glaçons

pour garnir
cumin en poudre
brins de menthe fraîche

1 Battez le yaourt, le sel et le sucre dans un saladier, puis versez progressivement l'eau dans cette préparation jusqu'à obtention d'un liquide mousseux.

2 Remplissez quatre ou six verres de glaçons, versez le lassi par-dessus, et servez, légèrement parsemé de cumin en poudre et décoré de menthe*.

* le truc du cuisinier
Pour un lassi sucré, remplacez le sel par 4 cuill. à soupe de sucre. Si vous le désirez, vous pouvez aussi incorporer de ½ à 1 cuill. à café d'eau de rose. Versez-le de la même façon sur les glaçons, puis saupoudrez-le de cumin en poudre et de pistaches grillées très finement broyées.

Le bain de buffles d'eau, présents dans toutes les fermes indiennes.

lassi à la mangue
aam ki lassi

Existe-t-il une boisson plus rafraîchissante qu'un lassi froid et crémeux lorsque le thermomètre s'envole ? Essayez de vous procurer une mangue Alphonso, les Indiens prétendent qu'elle est la plus douce et la meilleure (pour gagner du temps, vous trouverez de la pulpe de mangue en cannettes dans les épiceries indiennes).

POUR 4 À 6 LASSI

1 grosse mangue, de préférence Alphonso,
   grossièrement hachée*
700 ml de yaourt nature
250 ml d'eau froide
2 cuill. à soupe de sucre en poudre
jus de citron vert frais
glaçons
gingembre en poudre pour décorer (facultatif)

1 Dans un mixeur, mélangez 250 g de chair de mangue et le yaourt jusqu'à obtention d'une crème lisse (utilisez la mangue restante pour une salade de fruits). Ajoutez l'eau et mixez à nouveau afin d'obtenir un mélange homogène.

2 La quantité de sucre à ajouter dépend de la saveur de la mangue. Goûtez et sucrez selon votre goût, puis incorporez le jus de citron vert.

3 Remplissez quatre ou six verres de glaçons, versez la préparation par-dessus. Si vous le désirez, saupoudrez légèrement de gingembre en poudre.

* le truc du cuisinier

Quand vous achetez des mangues fraîches, recherchez une peau sans tâche. Une mangue mûre rend légèrement lorsque vous la pressez (vous pouvez essayer de faire mûrir un fruit vert en le plaçant avec une pomme dans un sac en polyéthylène, percé de quelques trous). Plus elle est grande, plus la quantité de chair est importante. Attention en la découpant : son jus tâche.

214

thé masala
masalewali chai

En Inde, chacun a toujours le temps de boire une tasse de thé, ou chai. Toujours fraîchement infusée, cette boisson se vend à chaque coin de rue, sur les quais de gare et dans les bureaux, qui possèdent tous un chai walla. La version au lait proposée ci-dessous se boit du Nord au Sud.

POUR 4 À 6 TASSES

1 litre d'eau

2,5 cm de racine de gingembre frais grossièrement haché

1 bâton de cannelle

3 gousses de cardamome verte écrasées

3 clous de girofle

1½ cuill. à soupe de feuilles de thé Assam

sucre

lait

1 Dans une casserole à fond épais, portez l'eau à ébullition sur feu vif, le gingembre, la cannelle, la cardamome et les clous de girofle. Réduisez le feu, puis laissez mijoter 10 min.

2 Mettez les feuilles de thé dans une théière. Versez l'eau et les épices par-dessus. Tournez et laissez infuser 5 min*.

3 Filtrez le thé dans les tasses, et, selon votre goût, sucrez et ajoutez du lait.

* le truc du cuisinier

Pour un thé masala glacé, laissez refroidir le thé à l'étape n° 2, puis filtrez-le dans un pichet et placez-le au réfrigérateur. Servez-le dans des verres avec des glaçons, du sucre et des quartiers de citron ou de citron vert.

En Inde, le thé, dont les feuilles sont cueillies à la main, pousse sur les collines de Daarjeling, d'Assam et des Nilgiris.

milk-shake aux pistaches et aux amandes
pista-badaam doodh

En Inde, pistaches et amandes sont si abondantes qu'elles sont utilisées dans nombre de plats sucrés et salés. Elles constituent ici la base d'un milk-shake épais, prisé lors de célébrations de fêtes. Mieux vaut le préparer à l'avance – il met du temps à refroidir – et le conserver au réfrigérateur jusqu'au moment de servir. Assurez-vous simplement de bien le mélanger avant de le transférer dans les verres. Il est si riche que vous le servirez probablement dans de plus petits récipients que les habituels milk-shakes occidentaux.

POUR 4 À 6 PETITS VERRES

1 pincée de filaments de safran

70 g d'amandes en poudre

125 g de pistaches hachées très finement

3 cuill. à soupe d'eau chaude

400 ml de lait concentré sucré

1 pincée de sel

de 2 à 3 cuill. de glace

1 Faites griller les filaments de safran dans une poêle à sec et sur feu vif, en tournant jusqu'à ce que leur arôme se libère. Retirez-les immédiatement.

2 Dans un moulin à épices ou un mortier, réduisez-les en poudre fine avec les amandes en poudre et les pistaches. Ajoutez l'eau et poursuivez jusqu'à obtention d'une pâte.

3 Transférez cette pâte dans un mixeur, incorporez le lait concentré, le sel, puis mélangez le tout. Lorsque la préparation est homogène, ajoutez la glace*. Transférez dans un pichet et laissez refroidir au réfrigérateur. Brassez bien avant de servir.

* le truc du cuisinier

Cette préparation est si riche qu'elle peut être servie en glace. Une fois tous les ingrédients incorporés à l'étape n° 3, placez-la au congélateur et battez-la toutes les 30 min environ, jusqu'à ce qu'elle se solidifie.

cordial au gingembre
adrak ka sherbet

Cette boisson glacée au parfum âcre et piquant, qui étanche merveilleusement la soif lorsqu'il fait chaud, est exquise lors des semaines moites et brûlantes précédant la mousson. Le gingembre est l'une des épices les plus anciennes en Inde, et ses propriétés médicinales sont légendaires. Censé apaiser les maux de ventre, il est servi pour ses vertus digestives dans des boissons de ce type après un repas copieux.

POUR 4 À 6 VERRES

70 g de racine de gingembre frais haché très finement

½ cuill. à soupe de zeste de citron râpé finement

1 litre d'eau bouillante

2 cuill. à soupe de jus de citron frais

4 cuill. à soupe de sucre en poudre

citron et menthe pour servir

1 Mettez le gingembre dans un saladier résistant à la chaleur avec le zeste de citron. Nappez-le d'eau bouillante, tournez et laissez reposer toute la nuit.

2 Filtrez le liquide obtenu dans un pichet. Incorporez le jus de citron et le sucre, et mélangez jusqu'à sa dissolution. Goûtez, ajoutez du citron et du sucre selon votre goût, puis servez décoré de citron et de menthe.

ACCOMPAGNEMENTS

220 Comme partout en Asie, les entrées jouent en Inde un rôle beaucoup plus essentiel que dans la cuisine occidentale. La tradition consistant à servir les plats les uns après les autres n'existant pas, tous les composants du repas, de la soupe au dessert, sont apportés simultanément sur la table.

Traditionnellement, les repas sont servis sur un plateau rond *(thali)* dans le Nord et sur une feuille de bananier dans le Sud. Viande, volaille, poisson, légumes et fruits sont accompagnés de riz et/ou de pain, ainsi que d'un assortiment de chutneys frais et d'un yaourt crémeux, le raïta (voir p. 244), présentés dans des bols, les *katori,* disposés autour du *thali.* Enfin, les plats de riz, les pains et les chutneys, considérés comme de simples accompagnements en Occident, transforment le repas indien en un festin aux couleurs et aux parfums chatoyants.

Végétarien ou non, le repas inclut toujours un féculent servi sous forme de riz ou/et de pain (roti), jouant un rôle à la fois nutritionnel et pratique. La plupart des Indiens mangeant avec leurs doigts, il remplace en effet les couteaux et les fourchettes, la texture malléable des chapati, pains sans levain (voir p. 236) et des paratha légers et croustillants, riches en ghee (voir p. 239), permettant de saisir facilement la nourriture. Les fours étant encore rares dans les foyers indiens, ils sont tous deux cuits sur des plaques en fonte appelées *tava.* Préparés dans les fours *tandoor,* les naan (voir p. 235), galettes larges et légèrement soufflées, sont plus souvent vendues dans les échoppes et les restaurants.

Les pains à base de blé sont moins courants dans le Sud, où le riz, plus encore que le blé, règne en maître. Il est parfois le seul féculent servi au cours du repas ; d'autres fois, ce sont des pains à base de riz, comme les dosa (voir p. 243), fins et croustillants, ou des idli vapeur.

Pour généraliser, il conviendrait de dire que le riz accompagne plus souvent des plats liquides, semblables à des soupes, comme le rasam (voir p. 71) ou le sambhar (voir p. 82), et le pain des préparations sèches, telles que le rogan josh (voir p. 129).

Pour la plupart des étrangers et des Indiens, notamment dans le Sud, un repas sans riz est impensable. De variétés et qualités diverses, il est vendu en monticule sur tous les marchés, et le cuisiner relève d'une seconde nature. Dans cet ouvrage, le riz utilisé est le basmati himalayen long grain, mais vous pouvez le remplacer par du riz patna, cultivé près de la ville du même nom, dans le nord de l'Inde.

Pour un plat quotidien, essayez le riz basmati (voir p. 27) ; si vous avez plus de temps, le riz basmati épicé (voir p. 232) offre un parfum inoubliable, parfait reflet de l'utilisation habile des épices par les cuisiniers indiens. Le riz au citron (voir p. 228) et le riz à la noix de coco (voir p. 231) sont empreints des saveurs du Sud ensoleillé, alors que le pilaf (voir p. 227), avec ses épices, ses fruits secs colorés, ses pistaches et ses amandes, embaume les saveurs de la somptueuse cuisine moghole, sans le long temps de préparation d'un biryani (un pilaf transformera un simple poulet rôti en un festin de maharaja).

Mais les véritables stars des repas indiens sont les chutneys aux parfums et textures mêlés. Le mot *chutney* est une anglicisation du mot hindi *chatni,* qui signifie « condiment fraîchement pilé ». Comme les condiments occidentaux, les chutneys peuvent être crus ou cuits, hachés finement ou en morceaux,

et inclure de multiples ingrédients, de la noix de coco fraîche aux fruits et aux herbes, en passant par des graines, des épices et des dal. Seule l'imagination limite leurs possibilités. Le chutney de mangue, classique de tous les restaurants et traiteurs indiens, est un rescapé de la domination britannique. Lorsque les officiers coloniaux et leurs familles regagnèrent les brumes de l'Angleterre, les repas leur apparurent bien fades et un marché se développa rapidement pour importer des marques, toujours distribuées dans

Au verso La culture du riz est dominée par un travail manuel quotidien.

Le chutney de mangue est un rescapé de la domination britannique.

les supermarchés ; la recette p. 248 en offre une version fraîche et plus légère.

Les autres recettes de chutney de ce chapitre reflètent la diversité indienne. Si le sambal à la noix de coco (voir p. 247) a une texture grossière, le chutney de coriandre (voir p. 245), à base de gingembre et de piment, explose de saveurs fraîches. Enfin, le chutney d'oignon au piment (voir p. 246) et le raïta (voir p. 244) accompagnent à la perfection les recettes tandoori.

pilaf aux fruits, aux pistaches et aux amandes

shahi mewa pullao

227

Pour le plaisir des yeux et du palais ! En Inde, les fêtes religieuses de toutes les croyances fleurissent sur le calendrier et, la plupart du temps, la nourriture fait partie intégrante de ces festivités. Ce plat moghol coloré, qui peut constituer un parfait repas végétarien, est surtout apprécié dans les régions du Nord au cours des mois d'hiver, lorsque les fruits frais viennent à manquer. Pour une occasion vraiment particulière, il sera servi avec des paratha (voir p. 239) plutôt qu'avec des chapati (voir p. 236).

POUR 4 À 6 PERSONNES

225 g de riz basmati

450 ml d'eau

½ cuill. à café de filaments de safran

1 cuill. à café de sel

30 g de ghee (voir p. 253) ou 2 cuill. à soupe d'huile
  d'arachide ou de toute huile végétale

55 g d'amandes blanchies

1 oignon tranché finement

1 bâton de cannelle cassé en deux

graines de 4 gousses de cardamome verte

1 cuill. à café de graines de cumin

1 cuill. à café de grains de poivre noir
  légèrement concassés

2 feuilles de laurier

3 cuill. à soupe de mangue séchée hachée finement

3 cuill. à soupe d'abricots secs hachés finement

2 cuill. à soupe de raisins secs

55 g de pistaches hachées

1 Rincez le riz basmati plusieurs fois jusqu'à ce que l'eau de rinçage soit claire. Faites-le ensuite tremper 30 min, égouttez-le, puis réservez-le jusqu'à la cuisson.

2 Faites bouillir l'eau dans une petite casserole. Ajoutez les filaments de safran et le sel, retirez la casserole du feu et laissez infuser.

3 Dans une cocotte ou une poêle à couvercle, faites fondre le ghee sur feu moyen et faites dorer les amandes en tournant. Ôtez-les à l'aide d'une écumoire.

4 Faites revenir l'oignon de 5 à 8 min (il doit dorer sans noircir). Incorporez les épices et les feuilles de laurier, puis poursuivez la cuisson 30 s en mélangeant.

5 Ajoutez le riz et brassez afin de bien napper ses grains de ghee. Portez-le ensuite à ébullition avec l'eau safranée, réduisez le feu au minimum et incorporez les fruits secs. Couvrez hermétiquement. Laissez mijoter de 8 à 10 min, sans soulever le couvercle, jusqu'à ce que les grains soient cuits et que le liquide se résorbe.

6 Éteignez le feu, puis, avec deux fourchettes, mélangez les raisins secs et les pistaches au riz. Rectifiez l'assaisonnement, et laissez reposer 5 min* à couvert.

* le truc du cuisinier

Si vous ne servez pas immédiatement ce plat (ou toute autre recette de riz citée dans cet ouvrage), placez un linge entre le riz et le couvercle, et laissez le riz reposer jusqu'à 20 min après avoir incorporé les raisins et les pistaches à l'étape n° 6. Le linge absorbera la vapeur et empêchera le riz de prendre une consistance pâteuse.

...u citron
nimbu bhaat

Ce riz coloré, très populaire en Inde du Sud, est idéal pour accompagner la plupart des plats de poisson, mais aussi de viande épicée, comme l'agneau au chou-fleur (voir p. 141) et les jarrets d'agneau marathani (voir p. 142).

POUR 4 À 6 PERSONNES

225 g de riz basmati

30 g de ghee (voir p. 253) ou 2 cuill. à soupe d'huile d'arachide ou de toute huile végétale

1 cuill. à café de graines de nigelle

450 ml d'eau

le jus et le zeste de 1 gros citron râpé finement

1½ cuill. à café de sel

¼ cuill. à café de curcuma en poudre

1 Rincez le riz basmati plusieurs fois jusqu'à ce que l'eau de rinçage soit claire. Faites-le ensuite tremper 30 min, égouttez-le bien, puis réservez-le jusqu'à la cuisson.

2 Dans une cocotte ou une grande poêle à couvercle, faites fondre le ghee sur feu moyen. Lorsqu'il grésille, ajoutez les graines de nigelle et le riz mélangés, en brassant afin de bien les napper de ghee, puis versez l'eau et portez à ébullition.

3 Réduisez le feu au minimum. Incorporez la moitié du jus de citron, le sel et le curcuma, couvrez hermétiquement et laissez mijoter, sans soulever le couvercle, de 8 à 10 min, ou jusqu'à ce que les grains de riz soient cuits et que le liquide se résorbe.

4 Éteignez le feu, puis, à l'aide de deux fourchettes, mélangez le zeste de citron et le jus restant au riz. Rectifiez l'assaisonnement selon votre goût, et laissez reposer 5 min* à couvert.

le truc du cuisinier

Pour un riz au citron et aux noix de cajou, faites fondre le ghee, puis faites dorer 55 g de noix de cajou pendant 30 s en tournant. Retirez-les immédiatement à l'aide d'une écumoire afin de stopper leur cuisson, incorporez 1 cuill. à café de graines de fenugrec avec les graines de nigelle et poursuivez comme indiqué. À l'étape n° 4, mélangez les noix de cajou au riz avec le zeste et le jus de citron, remettez le couvercle, et laissez reposer 5 min. Servez garni de menthe fraîche ciselée.

L'augmentation du nombre de voitures en Inde est si spectaculaire qu'elles sont devenues une vision familière à travers le pays tout entier, y compris en dehors des grandes villes.

Considérée comme le « fruit des dieux », la noix de coco joue un rôle majeur dans la cuisine d'Inde du Sud, tout comme dans les cérémonies religieuses hindoues où elle est utilisée pour symboliser une vie pleine et riche. Ce plat est parfait pour les grandes occasions.

riz à la noix de coco

thengai sadaam

POUR 4 À 6 PERSONNES

225 g de riz basmati

450 ml d'eau

60 g de crème de coco

2 cuill. à soupe d'huile de moutarde*

1 ½ cuill. à café de sel

1 Rincez le riz basmati plusieurs fois jusqu'à ce que l'eau de rinçage soit claire. Faites-le ensuite tremper 30 min, égouttez-le bien, puis réservez-le jusqu'au moment de la cuisson.

2 Portez l'eau à ébullition dans une petite casserole et incorporez la crème de coco jusqu'à sa dissolution. Réservez.

3 Dans une grande poêle ou une cocotte à couvercle, faites chauffer l'huile de moutarde sur feu vif jusqu'à ce qu'elle fume. Éteignez alors le feu et laissez-la refroidir complètement.

4 Au moment de la cuisson, réchauffez-la sur feu moyen. Jetez le riz en pluie et brassez jusqu'à ce que tous ses grains se nappent d'huile. Ajoutez l'eau avec la noix de coco dissoute, puis portez à ébullition.

5 Réduisez le feu au minimum et salez. Couvrez hermétiquement et laissez mijoter de 8 à 10 min, sans soulever le couvercle, jusqu'à ce que les grains ramollissent et que le liquide se résorbe.

6 Éteignez le feu et brassez le riz à l'aide de deux fourchettes. Rectifiez l'assaisonnement selon votre goût, puis laissez reposer 5 min à couvert.

*** le truc du cuisinier**

À l'étape n° 3, l'huile de moutarde est chauffée, puis refroidie, afin de réduire son amertume. Si vous utilisez une huile d'arachide ou toute autre huile végétale, cette étape est à supprimer.

Les épices, qui font partie intégrante de la cuisine indienne, sont souvent achetées en vrac sur les marchés locaux.

232

riz basmati épicé
chunke hue chawal

Originaire du Rajasthan, cette recette au parfum délicat, délicieuse avec des plats à l'agneau, n'a jamais perdu de son attrait depuis la domination moghole.

POUR 4 À 6 PERSONNES

225 g de riz basmati

30 g de ghee (voir p. 253) ou 2 cuill. à soupe d'huile
   d'arachide ou de toute huile végétale

5 gousses de cardamome verte légèrement craquelées

5 clous de girofle

2 feuilles de laurier

½ bâton de cannelle

1 cuill. à café de graines de fenouil

½ cuill. à café de graines de moutarde noires

450 ml d'eau

1½ cuill. à café de sel

2 cuill. à soupe de coriandre fraîche hachée

poivre

1 Rincez le riz basmati plusieurs fois jusqu'à ce que l'eau de rinçage soit claire. Faites-le ensuite tremper 30 min, égouttez-le bien, puis réservez-le jusqu'à la cuisson.

2 Dans une cocotte allant au four ou une grande poêle à couvercle, faites fondre le ghee sur feu moyen. Saisissez les épices 30 s en tournant avant d'incorporer le riz. Brassez afin de bien napper ses grains de ghee. Ajoutez l'eau, salez, et portez à ébullition.

3 Réduisez le feu au minimum. Couvrez de façon hermétique, puis laissez mijoter de 8 à 10 min, sans soulever le couvercle, jusqu'à ce que les grains soient cuits et que le liquide se résorbe.

4 Éteignez le feu, puis à l'aide de deux fourchettes, mélangez la coriandre au riz. Rectifiez l'assaisonnement selon votre goût et laissez reposer 5 min* à couvert*.

* le truc du cuisinier

Pour un riz basmati parfumé au safran, faites griller légèrement 1 cuill. à café de filaments de safran dans une poêle, à sec et sur feu moyen, et retirez-les dès que leur arôme se libère. Pendant que le riz trempe, portez l'eau à ébullition, ajoutez les filaments de safran et le sel, puis laissez infuser. Incorporez cette eau safranée à l'étape n° 2, et poursuivez comme indiqué.

Les Indiens utilisent le réseau étendu de rivières et de canaux du pays pour transporter à la fois de la nourriture et des matériaux.

Ces pains au levain sont préparés en Inde depuis les temps moghols – traditionnellement en frappant la pâte sur la paroi chaude d'un four tandoor. Comme il est peu probable que votre cuisine en soit équipée, il vous sera difficile de reproduire à l'identique les galettes de votre restaurant indien favori, mais celles-ci s'en approchent. Assurez-vous seulement de préchauffer votre four à sa puissance maximale, avec la plaque à pâtisserie à l'intérieur.

POUR 10 NAAN

900 g de farine blanche forte
1 cuill. à soupe de levure chimique
1 cuill. à café de sucre
1 cuill. à café de sel
300 ml d'eau chauffée à 50 °C
1 œuf battu
55 g de ghee (voir p. 253) fondu, plus pour badigeonner

1 Tamisez la farine, la levure, le sucre et le sel dans un grand saladier, et pratiquez un puits au centre. Dans un bol, mélangez l'eau et l'œuf en battant, jusqu'à ce que l'œuf se brise et s'incorpore au liquide.

2 Versez-les lentement dans le puits, et incorporez-les ensuite à la main dans les ingrédients secs, jusqu'à obtention d'une pâte ferme et lourde. Façonnez cette pâte en boule et remettez-la dans le saladier.

3 Trempez un linge dans l'eau chaude, essorez-le, puis couvrez-en le saladier en glissant ses quatre coins sous la base. Laissez la pâte reposer 30 min.

4 Transférez-la sur une surface badigeonnée de ghee fondu. Abaissez-la, puis arrosez-la progressivement

de ghee fondu en la pétrissant bien pour le faire pénétrer. Dès qu'il est parfaitement incorporé, divisez-la en dix boulettes égales.

5 Trempez à nouveau le linge dans l'eau chaude, essorez-le, et placez-le sur les boulettes. Laissez-les ensuite reposer et monter 1 h environ.

6 Pendant ce temps, préchauffez votre four à 230 °C/Th. 8 (ou au maximum), avec une ou deux plaques à pâtisserie à l'intérieur.

7 À l'aide d'un rouleau à pâtisserie légèrement huilé, abaissez les boulettes de pâte (donnez-leur la forme d'une larme d'environ 3 mm d'épaisseur). Enduisez les plaques chaudes de ghee (avec un papier absorbant), disposez-y les galettes obtenues et enfournez-les de 5 à 6 min, jusqu'à ce qu'elles dorent et gonflent légèrement. Servez-les dès leur sortie du four, badigeonnées une nouvelle fois de ghee fondu*.

* le truc du cuisinier

Pour réaliser des naan à l'ail et aux graines de nigelle, garnissez la pâte, juste avant de la passer au four, de 3 gousses d'ail tranchées très finement et de 2 cuill. à soupe de graines de nigelle ; pour des naan au sésame, saupoudrez-la de 2 cuill. à soupe de graines de sésame, et pour des naan à la coriandre, mélangez à la pâte 55 g de coriandre fraîche finement hachée, à l'étape n° 4, après avoir incorporé le ghee.

chapati
chapatis

Pain quotidien de millions d'Indiens, les chapati sont consommés par la quasi-totalité de la population, des plus riches aux plus pauvres. Souples et malléables, ils sont parfaits pour saucer et saisir la nourriture, rendant inutile l'utilisation de couverts. Ces pains sans levain sont traditionnellement réalisés avec de l'atta, une farine complète vendue dans les épiceries asiatiques et certains grands supermarchés, mais une farine complète ordinaire peut faire l'affaire si vous la tamisez au préalable afin d'éliminer ses grumeaux. Les cuisiniers indiens, qui les préparent à la chaîne, utilisent un rouleau à pâtisserie court et fuselé, plus épais au centre, qui donne sa forme à la pâte ; ils les cuisent ensuite sur une tava (tôle circulaire à fond épais, plate et légèrement concave) chaude. Si vous ne possédez ni l'un ni l'autre, remplacez-les par un rouleau à pâtisserie et une poêle ordinaires.

POUR 6 CHAPATI
225 g de farine complète tamisée, plus pour saupoudrer
½ cuill. à café de sel
de 150 à 200 ml d'eau
ghee fondu (voir p. 253) pour badigeonner

1 Mélangez la farine et le sel dans un grand saladier. Pratiquez un puits au centre, puis versez progressivement l'eau dans cette préparation jusqu'à obtention d'une pâte ferme.

2 Placez cette pâte sur une surface farinée, pétrissez-la 10 min. Lorsqu'elle est lisse et élastique, façonnez-la en boule et laissez-la reposer 20 min dans le saladier nettoyé, recouverte d'un linge humide.

3 Divisez-la ensuite en six portions égales. Avec les mains légèrement farinées, roulez chacune de ces portions en boule. Pendant ce temps, faites chauffer une grande poêle à fond épais sans graisse et sur feu vif, jusqu'à ce qu'elle soit brûlante.

4 Travaillez une boulette à la fois : abaissez-la avec les mains, et étalez-la sur une surface légèrement farinée, de façon à obtenir un cercle d'une vingtaine de centimètres de diamètre. Posez ce cercle sur la poêle chaude et faites-le cuire jusqu'à ce que des tâches brunes apparaissent sur sa base, puis retournez-le et renouvelez l'opération sur l'autre face*.

5 Retournez une nouvelle fois la pâte, et utilisez un linge roulé pour presser ses rebords et pousser la vapeur à l'intérieur du chapati, ce qui va lui permettre de gonfler et de prendre sa texture légère. Poursuivez la cuisson jusqu'il soit bien doré, puis retournez-le et opérez de même sur l'autre face.

6 Badigeonnez le chapati d'un voile de ghee fondu et servez-le immédiatement. Renouvelez l'opération avec les boulettes de pâte restantes. Les chapati sont meilleurs s'ils sont servis immédiatement, mais vous pouvez les conserver au chaud une vingtaine de minutes, bien enroulés dans du papier d'aluminium.

* le truc du cuisinier
Ne retournez pas les chapati plus souvent qu'indiqué : ils deviendraient lourds et ne gonfleraient pas. Les cuisiniers indiens les retournent à la main pendant la cuisson, mais il est tout de même conseillé d'utiliser une paire de pinces ou une spatule de métal !

Ces pains sans levain, frits dans un peu d'huile, sont destinés aux grandes occasions et aux fêtes religieuses. Préparés avec une importante quantité de ghee fondu, les paratha à la texture légère et croustillante sont trop riches pour être consommés quotidiennement – à moins, bien sûr, de ne pas se soucier de sa ligne ! Pour un petit déjeuner à l'indienne, accompagnez-les d'un bol de yaourt épais.

POUR 8 PARATHA

225 g de farine complète tamisée, plus pour saupoudrer
½ cuill. à café de sel
de 150 à 200 ml d'eau
140 g de ghee (voir p. 253) fondu

1 Mélangez la farine et le sel dans un grand saladier. Pratiquez un puits au centre, puis versez l'eau progressivement dans cette préparation jusqu'à obtention d'une pâte ferme.

2 Placez la pâte sur une surface légèrement farinée et pétrissez-la 10 min. Lorsqu'elle est lisse et élastique, façonnez-la en boule et laissez-la reposer 20 min dans un saladier, recouverte d'un linge humide.

3 Divisez la pâte en huit portions égales, puis, avec les mains légèrement farinées, roulez chacune de ces portions en boulette.

4 Travaillez une boulette à la fois : abaissez-la sur une surface farinée jusqu'à obtention d'un cercle d'une quinzaine de centimètres de diamètre. Badigeonnez la surface du cercle de 1½ cuill. à café de ghee fondu. Pliez-le en deux pour constituer une demi-lune, et enduisez-le à nouveau de ghee fondu. Pliez-le encore en deux pour obtenir un triangle. Pressez l'ensemble.

Plus qu'une protection contre la chaleur ou le froid, la coiffe peut révéler une religion, des origines ou un statut social.

5 Étalez le triangle obtenu sur une surface légèrement farinée et abaissez-le pour obtenir un triangle plus large, d'environ 20 cm de côté. Projetez ce pâton d'une paume à l'autre plusieurs fois, puis recouvrez-le d'un linge humide et renouvelez l'opération avec la pâte restante.

6 Pendant ce temps, faites chauffer une grande poêle à fond épais, à sec et sur feu vif, jusqu'à ce qu'elle soit brûlante, et faites cuire un paratha à la fois.

7 Lorsque des bulles apparaissent à la surface, retournez-le à l'aide de pinces et badigeonnez-le de ghee fondu. Poursuivez la cuisson jusqu'à ce qu'il dore, puis retournez-le et enduisez-le encore de ghee fondu. À l'aide d'une cuillère ou d'une spatule en bois, pressez sa surface afin d'assurer une cuisson uniforme.

8 Badigeonnez-le à nouveau d'un léger voile de ghee fondu, servez, puis renouvelez l'opération avec les paratha restants. Ces pains sont meilleurs lorsqu'ils sont servis immédiatement, mais vous pouvez les maintenir au chaud dans du papier d'aluminium, environ 20 min.

240 galettes de pain
puris

Ces pains frits qui gonflent et ressemblent à des ballons quand ils sont plongés dans l'huile chaude sont parfaits avec la plupart des currys, végétariens ou autres, et sont préparés en grandes quantités pour les mariages hindous et les grandes occasions. Les enfants adorent les regarder cuire. Même si cela peut surprendre, ils accompagnent aussi traditionnellement la crème de yaourt à la grenade (voir p. 207).

POUR 12 GALETTES DE PAIN

225 g de farine complète tamisée, plus pour saupoudrer

½ cuill. à café de sel

30 g de ghee fondu

de 100 à 150 ml d'eau

huile d'arachide ou toute huile végétale pour la friture

1 Dans un saladier, nappez la farine et le sel de ghee, puis versez progressivement l'eau dans cette préparation jusqu'à obtention d'une pâte ferme.

2 Transférez cette pâte sur une surface farinée et pétrissez-la 10 min. Lorsqu'elle est lisse et élastique, façonnez-la en boule et laissez-la reposer 20 min dans le saladier nettoyé, couverte d'un linge humide.

3 Divisez cette pâte en douze portions égales et roulez chacune d'elle en boulette. Travaillez une seule boulette à la fois : abaissez-la avec les mains, puis étalez-la finement sur une surface farinée de façon à obtenir un disque d'une quinzaine de centimètres de diamètre*. Renouvelez l'opération avec la pâte restante.

4 Faites chauffer 7 ou 8 cm d'huile dans un *kodai*, un wok, une friteuse ou une grande poêle jusqu'à une température de 180 °C, ou jusqu'à ce qu'un dé de pain brunisse en 30 s. Plongez-y une galette et faites-le frire 10 s, jusqu'à ce qu'il gonfle. À l'aide de deux grandes cuillères, retournez-le et arrosez-le d'huile chaude.

5 Toujours à l'aide de deux cuillères, retirez-le et laissez l'excès d'huile s'écouler dans la poêle. Égouttez-le sur du papier absorbant, puis servez-le immédiatement. Faites frire tous les pains restants, en vous assurant que l'huile revient bien à la bonne température entre deux bains.

* le truc du cuisinier

Pour réaliser les minigalettes de pain du bhel poori (voir p. 44), roulez la pâte comme indiqué à l'étape n° 3, puis, à l'aide d'un emporte-pièce de 4 cm légèrement graissé, découpez-la en plus petits ronds.

En Inde, les rues regorgent de vendeurs ambulants proposant leurs produits ou leurs services.

En Inde du Sud, ces pancakes très fins et croustillants sont servis avec un chutney de coriandre ou un sambal à la noix de coco (voir p. 245 et 247), en collation, ou enroulés autour d'une préparation aux pommes de terre épicée ; ils prennent alors le nom de dosa masala (voir p. 84) et se dégustent même au petit déjeuner. Cuits dans une fine couche de ghee, ils exhalent un parfum riche et intense. Un cuisinier expérimenté les retournera sur la tava (tôle en fonte utilisée en Inde) chaude sans effort apparent. Pour un novice, le processus sera plus lent. Faites un premier essai et ne retournez pas le dosa avant qu'il soit parfaitement croustillant. Pour vous aider, utilisez la poêle la plus grande et la plus plate que vous ayez, en sachant qu'une tôle ou une crêpière vous faciliterait la tâche. S'il n'est pas rare, en Inde, de servir des dosa de 40 cm de diamètre, cette recette permet de leur donner une taille plus maniable. Rappelez-vous aussi de préparer la pâte la veille, afin qu'elle repose toute la nuit.

POUR ENVIRON 8 DOSA

115 g de riz basmati rincé

70 g de lentilles noires cassées (« urad dal chilke »)

¼ cuill. à café de graines de fenugrec

125 ml d'eau

sel

30 g de ghee (voir p. 253) fondu

1 Portez une casserole d'eau salée à ébullition, jetez-y le riz basmati et faites-le bouillir 5 min. Égouttez-le, puis transférez-le avec les lentilles noires et les graines de fenugrec dans un saladier. Recouvrez-les d'eau et laissez-les reposer toute la nuit.

2 Le lendemain, filtrez le riz et les lentilles. Réservez le liquide de trempage, puis broyez le riz et les lentilles

dans un mixeur avec 75 ml d'eau, jusqu'à obtention d'une pâte lisse et grisâtre. Ajoutez progressivement l'eau restante.

3 Couvrez le saladier d'un linge préalablement trempé dans l'eau chaude et essoré, et laissez la pâte fermenter dans un endroit chaud entre 5 et 6 h (de petites bulles doivent se former à sa surface).

4 Brassez, puis ajoutez de l'eau pour obtenir une préparation ayant la consistance d'une crème fraîche liquide. Salez en fonction de l'aigreur de la pâte.

5 Faites chauffer une poêle (la plus grande et la plus plate que vous ayez) sur feu très vif. Lorsqu'elle est très chaude, badigeonnez-la de ghee fondu. Versez-y une louche de pâte et, à l'aide de cette louche, étalez-la aussi finement que possible en cercles concentriques. Laissez cuire 2 min, jusqu'à ce que le dosa dore et croustille.

6 Retournez-le* et poursuivez la cuisson 2 min. Retirez-le ensuite de la poêle, puis maintenez-le au chaud si vous le farcissez, ou laissez-le refroidir. Renouvelez l'opération avec la pâte restante.

* le truc du cuisinier

Bien que les dosa soient assez similaires à des crêpes, leur cuisson diffère et ils ne glissent pas dans la poêle. Pour les retourner, vous devrez les détacher en glissant par-dessous un fin ustensile de métal, comme une spatule, ou, mieux encore, un grattoir de peintre.

244 **raïta**

raïta

Omniprésent et quotidien, le raïta est associé à presque tous les plats épicés, la texture crémeuse du yaourt et la fraîcheur du concombre permettant d'atténuer le feu des piments. Ses versions sont infinies (voir ci-dessous).

POUR 4 À 6 PERSONNES

300 g de concombre rincé

1 cuill. à café de sel

400 ml de yaourt nature

½ cuill. à café de sucre

1 pincée de cumin en poudre

2 cuill. à soupe de coriandre ou de menthe
   fraîche hachée

piment en poudre pour garnir

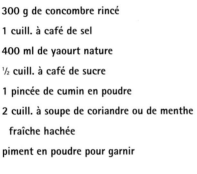

1 Étalez un linge sur un plan de travail. Râpez grossièrement le concombre non pelé par-dessus, saupoudrez-le de ½ cuill. à café de sel, puis ramenez le linge par-dessus et pressez-le pour évacuer l'excès de liquide.

2 Versez le yaourt dans un saladier. Incorporez en battant le reste du sel, ainsi que le sucre et le cumin. Ajoutez le concombre râpé, goûtez, puis rectifiez l'assaisonnement selon votre goût. Laissez reposer au réfrigérateur et à couvert jusqu'au moment de servir.

3 Pour finir, mélangez la coriandre hachée, transférez le raïta sur un plat et servez*, saupoudré de piment en poudre.

* le truc du cuisinier
Pour une autre version, vous pouvez incorporer 2 tomates épépinées et hachées finement, ou 4 oignons blancs hachés finement avec la coriandre ou la menthe. Vous pouvez également parfumer le raïta avec de la coriandre ou du gingembre en poudre. Pour réaliser un raïta à la banane, épluchez et tranchez 3 bananes directement dans le yaourt, puis ajoutez 2 piments verts frais égrenés et hachés avec 1 cuill. à soupe de garam masala, suivis, si vous le désirez, d'une petite quantité de zeste et de jus de citron. Laissez reposer au réfrigérateur et à couvert jusqu'à utilisation. Juste avant de servir, parsemez de coriandre ou de menthe fraîche ciselée.

chutney de coriandre

hare dhaniye ki chutney

Voici un exemple des chutneys crus et frais qui sont servis à chaque repas ou en collation, tout au long de la journée, au Kerala, à commencer par le petit déjeuner. La coriandre vert vif, la noix de coco et le piment frais sont un reflet des parfums de la région.

POUR 225 g ENVIRON

1½ cuill. à soupe de jus de citron

1½ cuill. à soupe d'eau

85 g de feuilles et de tiges de coriandre fraîche grossièrement hachées

2 cuill. à soupe de noix de coco fraîche hachée

1 petite échalote hachée très finement

5 mm de racine de gingembre frais haché

1 piment vert frais égrené et haché

½ cuill. à café de sucre

½ cuill. à café de sel

1 pincée de poivre

1 Dans un petit mixeur, mélangez le jus de citron, l'eau et la moitié de la coriandre jusqu'à obtention d'une pâte. Ajoutez progressivement la coriandre restante. Lorsque la pâte est homogène, raclez les parois si nécessaire. Si vous n'avez pas de robot adapté à de si petites quantités, broyez-les dans un mortier en incorporant la coriandre petit à petit.

2 Ajoutez les ingrédients restants, écrasez-les jusqu'à ce qu'ils soient finement hachés et forment une préparation homogène, puis goûtez et rectifiez l'assaisonnement selon votre goût. Transférez cette préparation dans un saladier non métallique et laissez-la reposer à couvert et au réfrigérateur au moins 3 jours avant de servir*.

* le truc du cuisinier

Pour un raïta à la coriandre rafraîchissant, incorporez 300 ml de yaourt nature au chutney et placez-le au réfrigérateur au moins 1 h avant de servir. Au dernier moment, garnissez-le d'une importante quantité de coriandre fraîche ciselée.

246 chutney d'oignon au piment
mirch aur pyaaz ki chutney

*Une bombe destinée aux vrais amateurs d'épices.
Brûlant, ce chutney peut même arracher des larmes
si les piments ne sont pas égrenés. Servez-le avec
un poulet tandoori (voir p. 156) ou un poulet tikka
masala (voir p. 161). Au Gujerat, où l'on conserve les
graines de piment et sert ce chutney à tous les repas,
on le consomme comme en-cas en été, accompagné
de poppadom ou de galettes de pain (voir p. 240).*

POUR 225 g ENVIRON

1 ou 2 piments verts frais égrenés ou non,
  hachés finement

1 petit piment oiseau frais égrené ou non,
  haché finement

1 cuill. à soupe de vinaigre de vin blanc ou de cidre

2 oignons hachés finement

2 cuill. à soupe de jus de citron frais

1 cuill. à soupe de sucre

3 cuill. à soupe de coriandre, menthe ou persil frais
  haché, ou un mélange d'herbes

sel

petit piment oiseau pour garnir

1 Dans un petit saladier non métallique, mélangez
les piments et le vinaigre, puis filtrez-les. Remettez
les piments dans le saladier, incorporez les oignons,
le jus de citron, le sucre et les herbes. Salez.

2 Laissez reposer à température ambiante ou 15 min
au réfrigérateur et à couvert. Juste avant de servir,
garnissez d'un petit piment oiseau*.

* le truc du cuisinier
Pour un raïta au piment et aux oignons, incorporez
300 ml de yaourt nature au chutney et laissez reposer
au moins 1 h au réfrigérateur. Brassez avant de servir
et saupoudrez d'herbes fraîches.

sambal à la noix de coco

nariyal sambal

Les noix de coco poussent en abondance le long des canaux du Kerala, où des chutneys croquants et frais comme celui-ci sont servis à de nombreux repas. Proposez-le en collation, avec des poppadom, ou avec un poisson frais et grillé. Dans le Kerala et le Tamil Nadu, il se déguste avec des dosa (voir p. 243) fins et croustillants.

POUR 140 g ENVIRON

½ **noix de coco fraîche, environ 115 g de chair,**
   ou 125 g de noix de coco déshydratée

2 **piments verts frais égrenés ou non, hachés**

2,5 **cm de racine de gingembre frais pelé et haché**
   finement

4 **cuill. à soupe de coriandre fraîche hachée**

2 **cuill. à soupe de jus de citron**

2 **échalotes hachées très finement**

1 Si vous utilisez une noix de coco entière, pratiquez deux trous dans sa coque à l'aide d'un marteau et d'un clou, puis laissez s'écouler le lait qui est à l'intérieur. Réservez-la. Toujours à l'aide du marteau, cassez la noix de coco en deux, pelez-en la moitié et hachez sa chair.

2 Passez la noix de coco et les piments au mixeur 30 s environ, jusqu'à ce qu'ils soient finement broyés. Ajoutez le gingembre, la coriandre, le jus de citron et mélangez à nouveau.

3 Si la préparation vous semble trop sèche, allongez-la avec 1 cuill. à soupe de lait de coco ou d'eau. Incorporez ensuite les échalotes et servez aussitôt, ou laissez reposer au réfrigérateur et à couvert jusqu'à utilisation. Cela permet de conserver son parfum frais jusqu'à 3 jours*.

*** le truc du cuisinier**

Pour un chutney plus fort, incorporez ½ cuill. à soupe de graines de moutarde noire avec les échalotes. Il sera également délicieux saupoudré de cumin en poudre.

248

chutney de mangue
aam ki chutney

Ce chutney léger et épicé, très éloigné des chutneys à la mangue prêts à l'emploi souvent épais et trop sucrés, nimbe tout repas des parfums ensoleillés de Goa et d'Inde du Sud.

POUR 250 g ENVIRON

1 grosse mangue, d'environ 400 g, pelée, dénoyautée et hachée finement

2 cuill. à soupe de jus de citron vert

1 cuill. à soupe d'huile d'arachide ou de toute huile végétale

2 échalotes hachées finement

1 gousse d'ail hachée finement

2 piments verts frais égrenés et tranchés finement

1 cuill. à café de graines de moutarde

1 cuill. à café de graines de coriandre

5 cuill. à soupe de sucre jaggery ou de sucre brun

5 cuill. à soupe de vinaigre de vin blanc

1 cuill. à café de sel

1 pincée de gingembre en poudre

1 Mélangez la mangue et le jus de citron vert dans un saladier non métallique. Réservez-la.

2 Faites chauffer l'huile dans une grande poêle ou une cocotte sur feu moyen, et faites revenir les échalotes 3 min. Poursuivez la cuisson 2 min en tournant avec l'ail et les piments. Lorsque les échalotes dorent (sans noircir), incorporez les graines de moutarde et de coriandre, en brassant afin de bien les mélanger.

3 Ajoutez la mangue avec le sucre jaggery, le vinaigre, le sel et le gingembre, tournez à nouveau, puis réduisez le feu. Laissez mijoter 10 min jusqu'à ce que le liquide épaississe et que la mangue devienne collante.

4 Ôtez la poêle du feu. Laissez refroidir complètement et transférez ce chutney dans une boîte hermétique. Laissez reposer au réfrigérateur et à couvert entre 3 jours et une semaine avant de servir.

chutney de tamarin
imli ki chutney

La saveur aigre du tamarin, qui dote de nombreux plats d'un parfum distinctif, notamment en Inde du Sud, est aussitôt reconnaissable. Plus proche d'une sauce que d'un chutney épais, ce savoureux mélange aigre-doux, incontournable avec des poori bhel (voir p. 44) et des samosa végétariens (voir p. 40), est également délicieux avec du poisson frit.

POUR 250 g ENVIRON

450 ml d'eau

100 g de pulpe de tamarin hachée

½ piment oiseau frais égrené et haché

55 g de sucre brun

½ cuill. à café de sel

1 Dans une cocotte en fonte, portez l'eau et le tamarin à ébullition sur feu vif. Réduisez le feu au minimum, puis laissez mijoter 25 min, en tournant parfois pour briser et ramollir la pulpe de tamarin.

2 À l'aide d'une cuillère en bois, passez-la à travers un tamis dans la cocotte ou la poêle rincée.

3 Incorporez le piment, le sucre et le sel. Poursuivez la cuisson 10 min à feu doux, jusqu'à obtention de la consistance désirée. Laissez ensuite refroidir légèrement, puis sucrez ou salez davantage.

4 Laissez refroidir complètement, couvrez hermétiquement et laissez jusqu'à 3 jours au réfrigérateur. Ce chutney peut également se congeler.

Un Indien sur fond de paysages vallonnés spectaculaires, au Kumbulgarh.

250

piment bon-bon
badi mirchi ka meetha achaa

Simple à réaliser, ce condiment nimbe toute viande ou poisson grillé ou rôti d'une saveur mystérieuse. Créé par l'armée anglaise durant la domination britannique, il se trouve aujourd'hui encore sur de nombreuses tables anglo-indiennes.

POUR 300 ml

300 ml de xérès sec ou doux

1 ou 2 piments oiseaux frais

Versez le xérès dans un pichet stérilisé. Incisez plusieurs fois les piments, puis plongez-les dans le xérès. Scellez le pichet, secouez bien et réservez au moins 3 jours avant de servir. Ce condiment se conserve un mois au réfrigérateur.

En Inde, les hommes portent traditionnellement la moustache, qui est un signe de virilité.

garam masala
garam masala

Garam *signifiant* chaud *et* masala désignant un *mélange d'épices, le garam masala est une combinaison d'épices aromatiques, qui ne sont pas fortes dans le sens brûlant du terme, mais sont plutôt destinées à réchauffer le corps de l'intérieur. Contrairement à la plupart des autres épices et masala, le garam masala est généralement ajouté en fin de cuisson pour parfumer le plat et le doter d'une saveur salée. Largement distribué dans les supermarchés, les boutiques de produits asiatiques et les épiceries, il reste malgré tout plaisant à préparer soi-même si l'on concocte régulièrement des plats indiens. Utilisez cette recette comme base, puis adaptez-la pour parvenir au mélange qui vous convient le mieux. Le garam masala s'utilise presque toujours en petites quantités ; pour éviter que le parfum ne s'évente, préparez-en peu à la fois. Les cuisiniers indiens le réalisent frais, à chaque repas.*

POUR 6 CUILL. À SOUPE ENVIRON

2 feuilles de laurier émiettées

2 bâtons de cannelle cassés en deux

graines de 8 gousses de cardamome verte

2 cuill. à soupe de graines de cumin

1½ cuill. à soupe de graines de coriandre

1½ cuill. à café de grains de poivre noir

1 cuill. à café de clous de girofle

¼ cuill. à café de clous de girofle en poudre

1 Faites chauffer une poêle à sec et sur feu vif jusqu'à ce qu'elle soit très chaude. Réduisez à feu modéré, mettez-y les feuilles de laurier, la cannelle, la cardamome, le cumin et la coriandre, le poivre et les clous de girofle, et faites-les griller, sans cesser de tourner, jusqu'à ce que les graines de cumin prennent une couleur dorée et que les arômes des épices se libèrent.

2 Retirez-les aussitôt de la poêle et laissez-les refroidir. Dans un moulin à épices* ou un mortier,

réduisez-les en poudre fine, puis incorporez les clous de girofle en poudre. Le garam masala se conserve jusqu'à 2 mois dans une boîte hermétique.

* le truc du cuisinier
Si vous n'avez pas de petit moulin réservé aux épices, passez quelques morceaux de pain blanc dans votre mixeur après l'avoir utilisé pour les épices. Ils absorberont la plus grosse quantité d'arômes résiduels.

252

paneer
paneer

Pour des millions d'Indiens végétariens, ce fromage blanc et ferme est une source majeure de protéines quotidiennes. Fade, le paneer ressemble au tofu asiatique en ce sens qu'il absorbe les parfums des ingrédients avec lesquels il cuit. Partout en Inde, à l'exception du Sud, il s'utilise à la fois dans les plats sucrés et salés. Souvent associé à des légumes (secs et autres), il est aussi parfaitement adapté aux grillades et aux plats rôtis, grâce à sa texture ferme. Vendu frais dans les boutiques de produits asiatiques, il est très simple à préparer.

POUR 350 g ENVIRON

2 litres de lait

6 cuill. à soupe de jus de citron

1 Portez le lait à ébullition sur feu vif dans une grande cocotte en fonte. Retirez la cocotte du feu, incorporez le jus de citron, puis remettez-la sur le feu et poursuivez la cuisson 1 min, jusqu'à ce que le caillé se sépare du petit lait et que le liquide se clarifie.

2 Retirez la cocotte du feu. Réservez environ 1 h (le lait doit être parfaitement refroidi). Pendant ce temps, garnissez de mousseline un tamis disposé au-dessus d'un saladier, en la laissant retomber sur les côtés.

3 Placez-y le caillé et le petit lait* refroidis. Fermez la mousseline et pressez-la pour évacuer l'excès d'humidité.

4 Nouez-la fermement avec une ficelle autour du caillé. Placez ensuite ce dernier dans un saladier avec une assiette lestée d'une boîte de conserve (de tomates ou haricots) par-dessus, puis laissez-le reposer au minimum 12 h au réfrigérateur. Il va se transformer en une masse compacte qui pourra ensuite être découpée. Le paneer se conserve jusqu'à 3 jours au réfrigérateur.

* le truc du cuisinier

Vous pouvez jeter le dérivé du petit lait, issu de la préparation du paneer, mais les cuisiniers indiens l'utilisent judicieusement dans l'eau de cuisson des légumes ou des lentilles.

ghee 253
ghee

Le riche parfum caractéristique de nombreux plats indiens, notamment ceux du Nord, provient, tout au moins en partie, de leur cuisson dans le ghee, la forme indienne du beurre clarifié. Pour le réaliser, il faut séparer sur le feu la graisse dorée du beurre et le dépôt blanchâtre, puis poursuivre la cuisson à petit feu jusqu'à ce que ces derniers brunissent légèrement (ceci donne au ghee son léger parfum de noisette qui le distingue du beurre clarifié occidental). Pour nombre de cuisiniers indiens, il constitue la graisse de cuisson de choix, en raison de son parfum, mais aussi de sa faculté à ne pas brûler à haute température. Hélas, son taux de cholestérol particulièrement élevé explique qu'il soit peu à peu remplacé par une huile végétale, comme une huile de tournesol ou d'arachide (beaucoup de recettes de cet ouvrage les indiquent comme produit de substitution du ghee). Il est vendu en tube dans les boutiques de produits asiatiques, mais si vous ne cuisinez pas quotidiennement des plats indiens, et appréciez les parfums authentiques, sachez qu'il est facile et plaisant à préparer.

POUR 200 g ENVIRON

250 g de beurre

1 Faites fondre le beurre dans une grande poêle à fond épais sur feu moyen, et faites-le cuire jusqu'à l'apparition d'une écume épaisse.

2 Poursuivez la cuisson, sans couvrir, de 15 à 20 min environ*, ou jusqu'à ce que l'écume se sépare et que le dépôt blanchâtre se dépose sur le fond. Le liquide doit alors dorer et se clarifier.

3 Entre-temps, garnissez un tamis d'une mousseline. Placez ce tamis au-dessus d'un saladier, puis versez-y lentement le liquide, sans toucher au dépôt qui s'est déposé au fond de la poêle. Jetez-le.

4 Laissez refroidir le ghee, transférez-le dans un bol que vous placerez au réfrigérateur et à couvert. Il se conservera jusqu'à 4 semaines ; il peut aussi se congeler.

* le truc du cuisinier
Il faut surveiller attentivement le ghee quand il mijote, car le dépôt qui s'est formé au fond de la poêle peut brûler rapidement.

254 index